The Great Stone Face

큰 바위 얼굴

큰 바위 얼굴

First edition: September 2010

TEL (02)2000-0515 | FAX (02)2271-0172

ISBN 978-89-17-23774-0

YBM Reading Library 는 ...

쉬운 영어로 문학 작품을 즐기면서 영어 실력을 크게 향상시킬 수 있도록 개발된 독해력 완성 프로젝트입니다. 전 세계 어린이와 청소년들에게 재미와 감동을 주는 세계의 명작을 이제 영어로 읽으세요. 원작에 보다 가까이 다가가는 재미와 명작의 깊이를 느낄 수 있을 거예요.

350 단어에서 1800 단어까지 6단계로 나누어져 있어 초·중·고 어느 수준에서나 자신이 좋아하는 스토리를 골라 읽을 수 있고, 눈에 쉽게 들어오는 기본 문장을 바탕으로 활용도가 높고 세련된 영어 표현을 구사하기 때문에 쉽게 읽으면서 영어의 맛을 느낄 수 있습니다. 상세한 해설과 흥미로운 학습 정보, 퀴즈 등이 곳곳에 숨어 있어 학습 효과를 더욱 높일 수 있습니다.

이야기의 분위기를 멋지게 재현해 주는 삽화를 보면서 재미있는 이야기를 읽고, 전문 성우들의 박진감 있는 연기로 스토리를 반복해서 듣다 보면 리스닝 실력까지 크게 향상됩니다.

세계의 명작을 읽는 재미와 영어 실력 완성의 기쁨을 마음껏 맛보고 싶다면, YBM Reading Library와 함께 지금 출발하세요!

YBM Reading Library

책을 읽기 전에 가볍게 워밍업을 한 다음, 재미있게 스토리를 읽고, 다 읽고 난 후 주요
구문과 리스닝까지 꼭꼭 다지는 3단계 리딩 전략! YBM Reading Library, 이렇게 활용
하세요.

Before the Story

People in the Story
스토리에 들어가기 전,
등장인물과 만나며 이야기의
분위기를 느껴 보세요~

Finally, Ernest heard the sound of wheels
approaching along the road.
"Here he comes!" cried the people. "Mr. Gathergold
has finally arrived!"
★ A carriage drawn by four horses came around a bend
in the road. There was an old man inside the carriage.
He had yellow, wrinkled skin and a low forehead. His
nose was long and bent. His eyes were small and his
lips were thin. There was no smile on his face and no
warmth in his eyes.

★ ★ ★ ❷ Mr. Gathergold appeared,
└ riding a ___

32 · The Great Stone Face

In the Story

★ 스토리
재미있는 스토리를 읽어요. 잘 모른다고
멈추지 마세요. 한 페이지, 또는 한 chapter를
끝까지 읽으면서 흐름을 파악하세요.

★★ 단어 및 구문 설명
어려운 단어나 문장을 마주쳤을 때,
그 뜻이 알고 싶다면 여기를 보세요.
나중에 꼭 외우는 것은 기본이죠.

★★★ 돌발 퀴즈
스토리를 잘 파악하고
있는지 궁금하면 돌발 퀴즈로
잠깐 확인해 보세요.

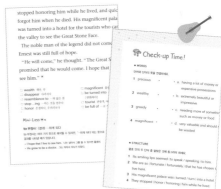

stopped honoring him while he lived, and quic[...]
forgot him when he died. His magnificent pala[...]
was turned into a hotel for the tourists who ca[...]
the valley to see the Great Stone Face.

The noble man of the legend did not come[...]
Ernest was still full of hope.

"He will come." he thought. "The Great S[...]
promised that he would come. I hope that [...]
see him." *

□ wealth 재산, 부
□ disappear 사라지다
□ resemblance to ~와 닮은 점
□ stop ...ing ~하는 것을 멈추다
□ honor 존경하다, 추켜세우다

□ magnificent 웅장[...]
□ be turned into [...]
　(변화하다)
□ tourist 관광객, 여[...]
□ be full of ~로 가[...]

Mini-Less●●

to 부정사: (목적) ~하게 되다
to 부정사는 여러 가지 의미로 쓰여질 수 있지만, ~하게 되다'라는 뜻으로
결과를 나타낼 때가 있다.

· I hope that I live to see him. 나는 살아서 그를 볼 수 있기를 바란다.
· He grew to be a doctor. 그는 자라서 의사가 되었다.

🍄 Check-up Time!

● WORDS

단어와 단어의 뜻을 연결하세요.

1 precious　　　　　· a. having a lot of money or
　　　　　　　　　　　 expensive possessions

2 wealthy　　　　　· b. extremely beautiful or
　　　　　　　　　　　 impressive

3 greedy　　　　　· c. needing more of somethin[...]
　　　　　　　　　　　 such as money or food

4 magnificent　　 · d. very valuable and should [...]
　　　　　　　　　　　 be wasted

● STRUCTURE

괄호 안의 두 단어 중 알맞은 것에 동그라미 하세요.

1 Its smiling lips seemed (to speak / speaking) to him
2 We are so (fortunate / fortunately) that he has chosen t[...]
　live here.
3 His magnificent palace was (turned / turn) into a hotel.
4 They stopped (honor / honoring) him while he lived.

"Look!" cried the people. "It is the Great Stone Face!
The legend is true. The great man has come at last!
Great things will come to us here in the valley!"
Ernest watched the carriage go down the road.

□ wheel 바퀴
□ approach ~에 다가가다
□ carriage 마차
□ drawn by ~가 끄는

□ bend (도로나 강의) 굽은 곳, 커브
□ wrinkled 주름이 잡힌
□ bent 구부러진, 휜
□ warmth 온기, 따스함

Chapter 2 · 33

Mini-Lesson
너무나 중요해서 그냥 지나칠 수 없는
알짜 구문은 별도로 깊이 있게 배워요.

Check-up Time!
한 chapter를 다 읽은 후 어휘, 구문,
summary까지 확실하게 다져요.

Focus on Background
작품 뒤에 숨겨져 있는 흥미로운 이야기를
읽으세요. 상식까지 풍부해집니다.

After the Story

Reading X-File 이야기 속에 등장했던
주요 구문을 재미있는 설명과 함께 다시 한번~

Listening X-File 영어 발음과 리스닝 실력을 함께
다져 주는 중요한 발음법칙을 살펴봐요.

MP3 Files
www.ybmbooksam.com에서 다운로드 하세요!

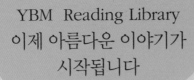

YBM Reading Library
이제 아름다운 이야기가
시작됩니다

The Great Stone Face

_ **Before the Story**

_ **In the Story**

Chapter 1

Chapter 2

Nathaniel Hawthorne
(1804~1864)

나다니엘 호손은 …

미국 메사추세츠 주 세일럼(Salem)에서 태어났다. 세 살 때 선장이었던 아버지가 사망해 형제들과 함께 외가에서 자랐는데, 친가와 외가의 선조들이 모두 엄격한 청교도였기 때문에 작품에도 청교도적인 성향이 짙게 배어있다.

1928년 첫 장편소설 〈판쇼(Fanshawe)〉를 발표했지만 별다른 주목을 받지 못했던 호손은 꾸준히 작품활동에 정진해 1937년에 단편집 〈두 번 들려준 이야기(Twice-Told Tales)〉가 호평을 받으며 서서히 주목을 받기 시작했다. 그 후로 그는 대표작이 된 〈주홍글씨(The Scarlet Letter, 1850)〉와 단편 〈큰 바위 얼굴〉이 실려 있는 〈스노우 이미지와 두 번 들려준 이야기(The Snow Image and Other Twice-Told Tales, 1852)〉, 〈블라이스데일 로맨스(The Blithedale Romance, 1852)〉를 잇달아 발표하는 등 왕성한 작품활동을 이어갔다.

인간의 본성에 관한 진지한 성찰이 담긴 작품들을 발표한 나다니엘 호손은 19세기 미국 문학의 대표적인 작가로 평가 받고 있다.

The Great Stone Face

큰 바위 얼굴은 …

평생토록 큰 바위 얼굴을 닮은 고귀한 사람이 나타나리라는 예언을 기다리다 어느덧 자신이 예언 속의 인물이 된 남자의 이야기이다.

평화로운 산골 마을에 사는 어니스트는 어머니로부터 산에 있는 큰 바위 얼굴을 닮은 아이가 태어나 훌륭한 인물이 될 것이라는 이야기를 듣는다. 어니스트는 언젠가 그런 사람을 만났으면 하는 기대를 가진 채 성실하고 겸손하게 살아간다. 부자 상인, 용맹한 장군, 화려한 언변의 정치인, 감수성이 풍부한 시인 등이 차례로 마을을 찾아오지만 모두 큰 바위 얼굴을 닮은 사람이 아니라는 것을 알게 된다. 어느 날, 마을 사람들과 함께 어니스트의 연설을 듣던 시인이 어니스트가 바로 큰 바위 얼굴을 닮은 사람이라고 말한다. 하지만 어니스트는 자신보다 더 지혜롭고 훌륭한 인물이 나타나기를 바라면서 이야기는 끝을 맺는다.

〈큰 바위 얼굴〉은 인생에서 중요한 것은 돈이나 명예, 권력이 아니라 끊임없는 자기 성찰을 통한 말과 행동의 일치라는 평범한 진리를 독자들에게 일깨워 주고 있다.

People in the Story

Mother
현명하고 사려 깊은 어니스트의 엄마. 큰 바위 얼굴에 얽힌 전설을 들려주며 어니스트가 올바르게 자랄 수 있도록 한다.

Ernest
총명하고 친절한 소년. 큰 바위 얼굴을 닮은 전설 속의 고귀한 인물이 나타나기를 기다리지만, 자신이 큰 바위 얼굴과 닮은 인물이 된다.

Rich man
무역으로 재산을 모은 부유한 상인. 마을로 돌아올 때는 사람들의 환영을 받지만 재산이 다 사라지자 쓸쓸히 잊혀진다.

General
전투에서 한번도 패한 적이
없는 용맹한 장군. 큰 바위
얼굴과 닮았을 것이라는 기대를
받지만 아닌 것으로 드러난다.

Politician
화려한 언변으로 인기가 많은
정치인. 유명한 정치인이 되어
마을로 돌아오지만 선거에 필요한
지지만을 얻으려
애쓴다.

Poet
감수성이 풍부한 시인. 도시에서
평생을 살지만, 어니스트의 명성
을 듣고 그를 만나기 위해
산골 마을로 찾아온다.

a Beautiful Invitation
– YBM Reading Library

The Great Stone Face

Nathaniel Hawthorne

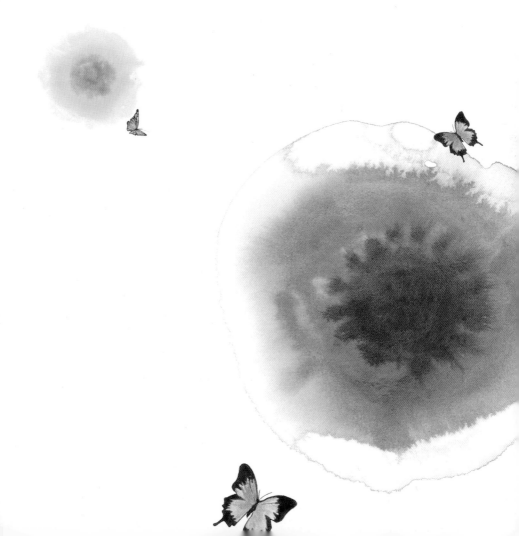

The Legend of
the Great Stone Face

큰 바위 얼굴의 전설

Deep in the mountains, there was a wide valley where many people lived. They had to work hard, but they were happy. They all had quite different lives, but they had one thing in common. They had grown up with the Great Stone Face watching over them.

The Great Stone Face was high in the mountains at the end of the valley. Close up, it was just a group of huge rocks. But from a distance, it looked like a human face. The forehead was high and broad and the nose was long and straight. Its lips were wide and generous. It was a very noble face. The people of the valley believed the Great Stone Face protected them and cared for them. They were very proud of it.

- □ legend 전설
- □ valley 골짜기, 계곡
- □ life 삶 (복수형은 lives)
- □ have ... in common
  ···을 공통적으로 가지고 있다
- □ watch over ···을 지켜보다
- □ close up 가까이에서

- □ from a distance 멀리서
- □ forehead 이마
- □ generous 관대한, 인자한
- □ noble 고귀한, 기품 있는
- □ protect 보호하다, 지켜주다
- □ care for ···을 돌보다
- □ be proud of ···을 자랑스러워하다

See p.96

Mini-Less☼n

I wish + 주어 + 과거형 동사: …라면 좋겠다

I wish 다음에 주어와 과거형 동사가 오면 현재 사실과는 다른 상황을 바라는 표현이 만들어진답니다. 해석은 '…라면 좋겠다' 가 되지요.

- I wish it could speak. 저는 그것이 말을 할 수 있으면 좋겠어요.
- I wish you came to the park with him. 너도 그와 함께 공원에 왔으면 좋겠어.

One evening, a little boy called Ernest sat with his mother in front of their cabin. They were watching the sun go down.

"It is a very beautiful evening, isn't it?" the mother asked the boy.

Ernest just nodded. He was staring at the Great Stone Face. Then he turned to his mother.

"Mother," he said, "the Great Stone Face looks so kind and generous. I wish it could speak. I'm sure it ☀ would have a wonderful voice. I want to meet a man [1] just like it."

"Some people believe that one day we will see a man exactly like it," said his mother.

"What do you mean, Mother?" asked Ernest eagerly. "Please tell me."

The mother began to tell her son the story.

□ cabin 오두막집
□ go down (해, 달이) 지다
□ nod (고개를) 끄덕이다

□ stare at ···을 바라보다 (응시하다)
□ turn to ···쪽으로 몸을 돌리다
□ eagerly 조바심을 내며, 열정적으로

---

1 **would** (상상이나 추측) ···일 것이다
I'm sure it would have a wonderful voice.
저는 그것이 멋진 목소리를 가졌을 것이라는 확신이 들어요.

"My mother told me about it when I was a little girl," said the mother. "Many years ago, before we came here, Indians lived in this valley. They believed that a child who looks just like the Great Stone Face would be born in the valley one day. They believed he would have a great destiny.

□ have a ... destiny ⋯한 운명을 타고 나다
□ loving 사랑이 넘치는
□ thoughtful 사려 깊은
□ believe in ⋯을 믿다 (의지하다)
□ with a smile 미소를 지으며

And they thought he would be one of the noblest men in the world. Many people in the valley are still waiting for the child to be born."

"Oh, Mother!" cried Ernest. "I do hope that it will happen. I really want to see him and I think I will like him."

Ernest's mother was a loving and thoughtful woman. She wanted her son to have something to believe in.

"Perhaps it might happen," she said with a smile. "One day, it might happen."

Some people in the valley did not believe the story.
They had watched and waited for years for the man
to come. ☀

Now they were tired of waiting and thought the
story was just a fairy tale. But Ernest believed the
story and never forgot it. Every day, he woke up and
looked at the Great Stone Face. He hoped he would
one day meet the man who looked just like it.

□ be tired of ...ing …을 하는 데
  싫증이 나다〔지치다〕
□ fairy tale 동화
□ grow up to be 자라서 …이 되다

□ gentle 점잖은, 부드러운
□ notice 주목하다, 신경 쓰다
□ spend one's childhood …의 어린
  시절을 보내다

Ernest grew up to be a quiet and gentle boy. No one in the valley noticed him much. He spent his childhood in the log cabin. He was loving and kind and always helped his mother.

Mini-Lesson

to 부정사의 의미상의 주어는?

문장 전체의 주어와 to 부정사의 의미상의 주어가 일치하지 않을 경우에는 to 부정사 앞에 「for+명사〔대명사〕」를 씁니다.

- They had watched and waited for the man to come.
  그들은 그 남자가 오기를 지켜보며 기다렸다.
- Many people in the valley are still waiting for the child to be born.
  골짜기의 많은 사람들이 여전히 그 아이가 태어나기를 기다리고 있단다.

Ernest spent his days working in the fields. He did [1] not go to school, but he was thoughtful and smart.

"Ernest is very smart and kind," thought his mother. "Other boys go to school, but Ernest is smarter than all of them. My greatest hope is that he will become a good and wise man."

Every day when Ernest finished his work, he sat and looked for hours at the Great Stone Face. He began to imagine that the Great Stone Face knew him and smiled at him. In his heart, Ernest heard it speak to him.

"One day, a man will come who is kind, strong and wise. When he speaks, it will be with the voice of [2] an angel. The people will listen and believe what he tells them. And their lives will be better because he lives among them," said his heart.

 What did Ernest do every day?
a. Going to school
b. Talking with his neighbor
c. Looking at the Great Stone Face

정답 c

□ field 밭, 들판
□ hope 희망, 바람
□ for hours 몇 시간 동안

□ imagine 상상하다, 바라다
□ smile at …을 보고 웃다, 미소를 짓다
□ in one's heart …의 마음 속에서

1 **spend＋시간(A)＋...ing(B)** B하면서 A를 보내다
Ernest spent his days working in the fields.
어니스트는 들판에서 일을 하며 시간을 보냈다.

2 **When〔If〕＋주어＋동사, 주어＋will＋동사원형** …하면, ～할 것이다
When he speaks, it will be with the voice of an angel.
그가 말을 하면, 천사의 목소리 같을 거야.

 Check-up Time!

● WORDS

빈칸에 알맞은 단어를 보기에서 골라 써넣으세요.

fields	cabin	fairy tale	forehead

1 The Great Stone Face's _____ was high and broad.

2 Ernest spent his days working in the _____.

3 People thought the story was just a _____.

4 Ernest was sitting in front of his _____.

● STRUCTURE

빈칸에 알맞은 전치사를 보기에서 골라 써넣으세요.

with	of	in	at

1 People were tired _____ waiting.

2 Ernest was staring _____ the Great Stone Face.

3 Ernest's mother told her son the story _____ a smile.

4 She wanted her son to have something to believe _____.

본문의 내용과 일치하면 T, 일치하지 않으면 F에 표시하세요.

1 The Great Stone Face looked like a group of huge rocks from a distance. ☐T ☐F

2 Ernest's mother was loving and thoughtful. ☐T ☐F

3 Everyone in the valley paid much attention to Ernest. ☐T ☐F

4 Ernest spent hours looking at the Great Stone Face. ☐T ☐F

● SUMMARY

빈칸에 맞는 말을 골라 이야기를 완성하세요.

A boy called Ernest and his mother lived in a (　　) village. One evening, they were sitting and talking about the story of the Great Stone Face. The mother said that one day a boy who looked like the Great Stone Face would be (　　) in the valley. He would have a great (　　) and become the (　　) man. From that day, Ernest waited for the story to come true.

a. destiny   b. mountain

c. born   d. noblest

ANSWERS

The Rich Man
부유한 남자

One day, Ernest was working in the fields when a neighbor came to him.

"Did you hear the news?" asked the neighbor.

"No. What news?" asked Ernest.

"People say there is a great man in Newport," said the neighbor. "He looks just like the Great Stone Face. People call him Mr. Gathergold."

Ernest was very interested to hear this. [1]

"Please tell me more," he said.

"A long time ago, Mr. Gathergold lived in the valley," said the neighbor.

☐ neighbor 이웃
☐ start a business 사업을 시작하다
☐ trading ship 무역선
☐ region 지역
☐ fur 모피, 털가죽
☐ gather 모으다, 수집하다

☐ rich (천이) 고운, 화려한
☐ fabric 옷감
☐ spice 향신료
☐ pearl 진주
☐ treasure 귀한 물건, 보물

---

1 **be interested to + 동사원형** …하는 데 관심을 가지다
Ernest was very interested to hear this.
어니스트는 이 이야기를 듣는 데 무척 관심을 가졌다.

"When he was a young man, he was poor and went to live in a distant village by the sea. He started a small business and worked very hard. He bought many trading ships and sent them all over the world. From the cold regions of the north, the ships brought him furs. From hot Africa, they brought back gold and diamonds. From the East, the ships gathered rich fabric, spices, tea, and large pearls. He sold these treasures and became very rich."

"Why do people call him Mr. Gathergold?" asked Ernest.

"Some people compare him to King Midas,"[1] said the neighbor. "You know the Greek story of Midas. Everything Midas touched turned to gold. And apparently everything Mr. Gathergold touches becomes gold, too. Anyway he is returning to the valley. He is very wealthy and plans to build a large palace here."

고대 프러지아의 왕으로 그의 손에 닿는 것은 모두 황금으로 변했대요.

"Really?" cried Ernest. "I want to see this man who looks like the Great Stone Face."

A few weeks later, a large group of builders came to the valley. They started to build a palace beside the river. People came from all over the valley to see it.

After many months, the amazing palace was completed. From a distance, it looked like a shining white star. It was built of snowy white marble with a wide porch and tall pillars. The front door was made of heavy wood and silver. And the long windows were made of sparkling glass. It was the most beautiful building anyone in the valley had ever seen. Everyone talked about the palace. They were all very curious about it.

□ turn to …로 변하다
□ apparently 듣자〔보아〕하니
□ wealthy 부유한
□ palace 대저택, 궁전
□ builder 건축업자
□ amazing 놀라운, 훌륭한
□ be completed 완성되다
□ shining 빛나는, 반짝거리는

□ be built of …로 지어지다
□ snowy 눈처럼 하얀, 새하얀
□ marble 대리석
□ porch 현관
□ pillar 기둥
□ be made of …로 만들어지다
□ sparkling 빛나는

---

1 compare A to B A를 B에 비유하다 〔비교하다〕
Some people compare him to King Midas.
어떤 사람들은 그를 마이다스 왕에 비유해.

"What does it look like inside?" they wondered.

"It is more beautiful inside than outside," said a builder. "Every room is very big and decorated with beautiful and precious things. And the furniture, carpets and curtains are imported. Mr. Gathergold's bedroom is the most amazing room of all. There is gold everywhere."

"Well, that sounds wonderful," said one of the villagers. "I heard that dozens of servants moved in yesterday. Tomorrow evening, Mr. Gathergold will come."

"We are so fortunate that he has chosen to live here," ☀ said another man.

☐ be decorated with …로 장식되다
☐ precious 귀중한, 값비싼
☐ be imported 수입되다
☐ dozens of 수십 명의
☐ move in …으로 옮겨 들어가다

☐ fortunate 운이 좋은
☐ accept A as B A를 B로 받아들이다
☐ legendary 전설적인, 유명한
☐ be impatient to + 동사원형 …하기를
　　초조하게 기다리다

Mini-Less☀n

See p.97

so + 형용사(A) + that절(B): B하다니 참 (너무) A하다

• We are so fortunate that he has chosen to live here.
　그가 이곳에 살기로 결정했다니 우리는 참 운이 좋아요.

• He was so afraid that his mother left him alone.
　그는 엄마가 자신을 혼자 두고 가서 너무 무서웠다.

The next day, everyone was ready to accept
Mr. Gathergold as the legendary man. They were
very excited, and gathered to watch the great man
return to the valley. Ernest was especially impatient
to see the great man. He hoped that Mr. Gathergold
would use his wealth to do good things for people
in the valley.

Finally, Ernest heard the sound of wheels
approaching along the road.

"Here he comes!" cried the people. "Mr. Gathergold
has finally arrived!"

A carriage drawn by four horses came around a bend
in the road. There was an old man inside the carriage.
He had yellow, wrinkled skin and a low forehead. His
nose was long and bent. His eyes were small and his
lips were thin. There was no smile on his face and no
warmth in his eyes.

❓ Mr. Gathergold appeared,
riding a _____.

정답 carriage

"Look!" cried the people. "It is the Great Stone Face!
The legend is true. The great man has come at last!
Great things will come to us here in the valley!"
Ernest watched the carriage go down the road.

☐ wheel 바퀴
☐ approach …에 접근하다
☐ carriage 마차
☐ drawn by …가 끄는

☐ bend （도로나 강의）굽은 곳, 커브
☐ wrinkled 주름이 잡힌
☐ bent 구부러진, 휜
☐ warmth 온기, 따스함

Chapter 2 • 33

Further along the road, there were an old beggar woman and her two little children. As the carriage passed by, they held out their hands to Mr. Gathergold. [1]

"We have no food," cried the woman. "Give us money, kind sir!"

Mr. Gathergold opened the carriage window and threw some copper coins on the ground.

□ pass by 지나가다
□ throw 던지다
　 (throw-threw-thrown)
□ copper coin 구리 동전
□ cheer 환호하다
□ greedy 탐욕스러운
□ selfish 이기적인
□ cheer ... up ⋯을 격려하다

The people cheered him and cried, "He is just like the Great Stone Face!"

But Ernest was very disappointed when he saw the wrinkled and greedy face.

"He doesn't look like the Great Stone Face at all," thought Ernest. "And I don't think he has a warm heart. The Great Stone Face is generous and kind, but Mr. Gathergold seems cold and selfish." [2]

Then he looked toward the Great Stone Face. Its wide, smiling lips cheered him up and seemed to speak to him.

[1] **hold out A to B** A를 B에게 내밀다
As the carriage passed by, they held out their hands to Mr. Gathergold.
마차가 지나가자, 그들은 개더골드 씨에게 손을 내밀었다.

[2] **seem + 형용사/to + 동사원형**
…한 것처럼 보이다
Mr. Gathergold seems cold and selfish.
개더골드 씨는 차갑고 이기적인 것처럼 보여.

"He will come! Do not worry, Ernest. One day, the man will come!"

More years went by, and Ernest grew into a young man. He worked hard and was helpful to his mother and to the other people in the valley. But every evening, he still loved to sit and look at the Great Stone Face.

"Have you seen young Ernest staring at the Great Stone Face?" said some of the people. "Every evening, it's the same thing. He spends hours looking at it. What a strange habit!" [1]

"Well, he's always been different from the other lads in the valley," said others.

"But he's a diligent and kind young man. And he's very good to his mother. We shouldn't tease him about it."

So they left him alone and did not bother him about it. They did not know that the Great Stone Face had become a teacher to Ernest. Its kind and caring expression taught him to treat others with warmth and respect. And as he looked at it, he thought about many things. But he still wondered when the man of the legend would come to the valley.

- □ be helpful to + 명사 ···에게 도움이 되다
- □ be different from(to) ···와 다르다
- □ lad 청년, 젊은이
- □ diligent 부지런한, 근면한
- □ tease(bother) A about B B에 대해 A를 놀리다(괴롭히다)
- □ leave ... alone ···을 내버려 두다 (leave-left-left)
- □ caring 보살피는, 배려하는
- □ expression 표정
- □ treat A with B A를 B로 대하다
- □ respect 존경, 존중

---

1 What + a + 형용사(A) + 명사(B)! 정말 A한 B구나!
  What a strange habit! 정말 이상한 버릇이구나!

A few years later, Mr. Gathergold died. While he lived, he did nothing to help the people of the valley. He lost all of his money before he died. And as his wealth disappeared, the people no longer saw his resemblance to the Great Stone Face. So they stopped honoring him while he lived, and quickly forgot him when he died. His magnificent palace was turned into a hotel for the tourists who came to the valley to see the Great Stone Face.

The noble man of the legend did not come, but Ernest was still full of hope.

"He will come," he thought. "The Great Stone Face promised that he would come. I hope that I live to see him." ☀

□ wealth 재산, 부
□ disappear 사라지다
□ resemblance to …와 닮은 점
□ stop ...ing …하는 것을 멈추다
□ honor 존경하다, 우러러보다

□ magnificent 훌륭한, 멋진
□ be turned into …으로 바뀌다 〔변화하다〕
□ tourist 관광객, 여행자
□ be full of …로 가득 차다

Mini-Less☀n

to 부정사: (결과) …하게 되다
to 부정사는 여러 가지 뜻으로 해석될 수 있지만, '…하게 되다' 라는 뜻으로 결과를 나타낼 때가 있답니다.
• I hope that I live to see him. 나는 살아서 그를 볼 수 있으면 좋겠어.
• He grew to be a doctor. 그는 자라서 의사가 되었다.

 Check-up Time!

● **WORDS**

단어와 단어의 뜻을 연결하세요.

1 precious •   • a. having a lot of money or
                        expensive possessions

2 wealthy •   • b. extremely beautiful or
                        impressive

3 greedy •   • c. needing more of something
                        such as money or food

4 magnificent •   • d. very valuable and should not
                        be wasted

● **STRUCTURE**

괄호 안의 두 단어 중 알맞은 것에 동그라미 하세요.

1 Its smiling lips seemed (to speak / speaking) to him.
2 We are so (fortunate / fortunately) that he has chosen to
  live here.
3 His magnificent palace was (turned / turn) into a hotel.
4 They stopped (honor / honoring) him while he lived.

다음 질문에 알맞은 답을 고르세요.

1 How did Mr. Gathergold gather his wealth?

    a. His ships brought treasures and he sold them.

    b. He built large palaces and rented them.

2 Why was Ernest disappointed with Mr. Gathergold?

    a. Because his expression was caring and kind.

    b. Because he seemed to be cold and greedy.

● SUMMARY

빈칸에 맞는 말을 골라 이야기를 완성하세요.

When Ernest was working in the fields, he heard from his (   ) that a great man called Mr. Gathergold would come to the valley. He was poor, but he started a (   ) and became a very (   ) man. Ernest hoped that Mr. Gathergold would be the man who looked like the Great Stone Face. And he expected Mr. Gathergold to do good (   ) for the people in the valley. But while he lived, he did nothing for them.

a. things   b. business

c. neighbor   d. rich

ANSWERS

The Soldier
군인

Suddenly there was great excitement throughout the valley. Another great man from the valley was coming home. Many years before Ernest was born, this young man had left the valley and joined the army.

After many years of hard fighting, he became a great general. He never lost a battle and was known as Old [1] Blood-and-Thunder.* He was now very old and tired of military life. He wanted to return to his peaceful home in the valley.

장군의 별명으로
'유혈과 폭력의 노인'을 뜻한답니다.

□ soldier 군인, 병사
□ excitement 흥분
□ join the army (군에) 입대하다
□ general 장군
□ lose a battle 전투에서 지다〔패하다〕
　(lose-lost-lost)
□ military 군대의

□ aid 보좌관, 조수
□ decide to + 동사원형 …하기로
　결정하다〔결심하다〕
□ have a festival 축제를 열다
□ welcome ... home …의 귀향을
　환영하다

1 **be known as** …로 알려지다
He was known as Old Blood-and-Thunder.
그는 올드 블러드앤드선더로 알려졌다.

One day, Ernest and his neighbor were talking.

"Did you hear the latest news, Ernest?" asked the neighbor.

"Yes," said Ernest. "I heard that the old general looks like the Great Stone Face. Is it true?"

"Well, I don't know," said the neighbor. "But one of the general's aides visited the valley and said the general looks exactly like the Great Stone Face."

"I hope it's true because we've waited for so long," said Ernest. "But we won't be sure until he arrives."

The people decided to have a large festival to welcome Old Blood-and-Thunder home.

On the day of the festival, the people of the valley left their work early. Ernest followed them to the place where the banquet had been prepared. The tables were arranged in the woods and filled with delicious food. From every table, the people could see the Great Stone Face on the mountain.

Over the general's chair was an arch of laurel leaves. ☀ Above the leafy arch was the flag that the general had carried into all his battles.

As Ernest approached the clearing, he heard Reverend Battleblast blessing the general. Ernest stood on his tiptoes, hoping to see Old Blood-and-Thunder. But everyone was rushing forward to see the great man and Ernest was pushed to the back of the crowd. He could see nothing.

☐ on the day of ···을 하는 날에
☐ leave one's work early 일터를 일찍 떠나다 (leave-left-left)
☐ the place where ···하는 장소 (곳)
☐ banquet 연회
☐ be arranged 준비되다, 배치되다
☐ arch 아치형 장식
☐ laurel leaf 월계수 잎
☐ leafy 잎이 무성한

☐ carry A into B A를 B에 들고 다니다
☐ clearing 공터
☐ reverend 목사
☐ bless ···에게 신의 가호를 빌다
☐ stand on one's tiptoes 발끝으로 서다 (stand-stood-stood)
☐ rush forward 서둘러 앞으로 나가다
☐ be pushed to ···로 떠밀려가다

Mini-Less☀️n

See p.98

도치: 장소를 나타내는 부사구 + 동사 + 주어

Over the general's chair was an arch of laurel leaves. '장군의 의자 위에는 월계수 잎으로 만든 아치가 있었다.' 에서는 주어(an arch of laurel leaves)와 동사(was)의 위치가 바뀌었는데요, 이는 장소를 나타내는 부사구 over the general's chair를 강조하기 위해 문장 맨 앞에 두었기 때문이랍니다.

• By the golden statue was a big tree. 금색 동상 옆에는 큰 나무가 있었다.

Ernest was wondering that the man of the legend was a soldier. He had always thought the noble man would be a man of peace.

"But God knows best," he thought. "Perhaps a soldier can be wise and kind and make people happy, too."

He looked toward the Great Stone Face. It smiled at him like a faithful and long remembered friend.

□ faithful 신의 있는, 충직한
□ long remembered 오래도록 기억되는
□ meanwhile 한편으로
□ give a cheer 환호하다
□ do the same 똑같이 하다
□ echo around …에 울려 퍼지다
□ appear 등장하다, 나타나다
□ over the shoulders of …의 어깨 너머로

Meanwhile he heard people talking about the general and the Great Stone Face.

"It's the same face!" cried one man.

"Exactly the same!" said another. "He is the Great Stone Face."

"He's the noblest man alive," cried another.

Then they gave a great cheer. This encouraged other people to do the same. The sound echoed around the [1] valley. Soon after, someone cried out, "It's the general! He is going to make a speech. Please be quiet!" [2]

The general appeared, and the people became quiet. And Ernest finally saw him over the shoulders of the crowd.

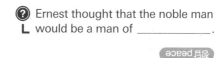

? Ernest thought that the noble man
L would be a man of _____.

정답 peace

---

1 **encourage + 사람(A) + to + 동사원형(B)** A가 B하도록 하다 (부추기다)
This encouraged other people to do the same.
이것(= 사람들의 열렬한 환호가)이 다른 사람들도 똑같이 하도록 했다.

2 **make a speech** 연설을 하다
He is going to make a speech.
그가 연설을 할 것입니다.

Old Blood-and-Thunder
wore a dark green uniform
with many medals on it.
The general began to speak.
But Ernest did not hear the
words the general said.

□ with medals on …에 훈장들이 달린
□ likeness 닮은 점
□ full of energy 에너지가 넘치는
□ A be missing from B
　A가 B에서 부족하다〔빠지다〕
□ sigh 한숨을 쉬다

1　continue to + 동사원형　계속 …하다
　We all must continue to wait.
　우리 모두는 계속 기다려야 해.

Instead he looked at the old soldier's face. He also saw the Great Stone Face in the distance.

Ernest looked from the Great Stone Face to the face of the general. There was no likeness between the two faces. The general's face was old and full of energy. But the gentle wisdom of the Great Stone Face was missing from the soldier's face.

"He is not the legendary man," sighed Ernest. "We all must continue to wait."

Late that afternoon, he went to sit and look at the Great Stone Face. The sun shone through the clouds, casting shadows across the Face. It seemed to smile at him more brightly than ever. It looked like a mighty angel sitting among the hills.

"Don't worry, Ernest. He will come," said his heart.

It was as if the Great Stone Face were whispering to him.

More years went by. Ernest was now a man of middle age. He still worked hard and was as kind-hearted as always.

He helped his neighbors when they needed help and always talked kindly to others. He gave honest advice to people with problems.

☐ cast shadows 그림자를 드리우다 (cast-cast-cast)
☐ more brightly than ever 그 어느 때 보다 밝게
☐ mighty 강인한, 힘센

☐ whisper 속삭이다
☐ a man of middle age 중년의 남자
☐ kind-hearted 친절한
☐ preacher 목사, 설교자

---

1 **no one ... in any way** 그 어느 누구도 절대 …하지 않다
No one in the valley thought Ernest was special in any way.
골짜기의 그 어느 누구도 어니스트가 절대 특별하다고 생각하지 않았다.

He had become
known among the
people as a preacher.
He spoke about
things in heaven and
on earth that no one else
had ever spoken about.
At times, it seemed as if
Ernest had been talking with
the angels. Still, no one in the
valley thought Ernest was special in
any way. Even Ernest did not think so.

? Ernest was known as a _____
among the people.

정답 preacher.

Mini-Lesson

as if + 주어 + 과거형 동사 : …인 것 같은 (처럼)
as if + 주어 + had + p.p. : …였던 것 같은 (처럼)

• It was as if the Great Stone Face were whispering to him.
  그것은 큰 바위 얼굴이 그에게 속삭이고 있는 것 같았다.
• At times, it seemed as if Ernest had been talking with the angels.
  가끔씩 어니스트는 천사들과 이야기를 나눠왔던 것 같았다.

 Check-up Time!

● **WORDS**

퍼즐의 빈칸에 들어갈 알맞은 철자를 써서 단어를 완성하세요.

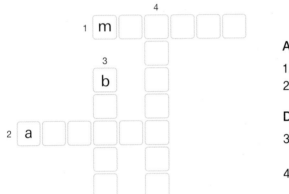

Across

1. 힘센
2. 등장하다

Down

3. …에게 신의
   가호를 빌다
4. 장군

● **STRUCTURE**

빈칸에 알맞은 전치사를 보기에서 골라 써넣으세요.

with	to	on

1 Ernest stood _____ his tiptoes.

2 Ernest was pushed _____ the back of the crowd.

3 He wore a dark green uniform _____ many
   medals on it.

（ANSWERS）

빈칸에 알맞은 내용을 보기에서 찾아 문장을 완성하세요.

1 He never lost a battle _____ .

2 The Great Stone Face smiled at Ernest like _____ .

3 Ernest followed them to the place _____ .

> a. a faithful and long remembered friend
> b. and was known as Old Blood-and-Thunder.
> c. where the banquet had been prepared.

● SUMMARY

빈칸에 알맞은 말을 보기에서 골라 이야기를 완성하세요.

> Ernest heard that a great general called Old Blood-and-Thunder would come back to the valley. He was very ( ) and won every battle he fought. Ernest and the people were very excited and hoped that the general would be the ( ) man. So they decided to have a large ( ) for him. But Ernest was disappointed because there was no ( ) between the Great Stone Face and him.

a. brave   b. likeness

c. legendary   d. festival

러시모어 산 국립공원 # Mount Rushmore

In the story of *The Great Stone Face*, the Great Stone Face watching over Ernest's village is one of the main characters. In the U.S., there is an actual Great Stone Face. It is called Mount Rushmore National Memorial, located near Keystone in South Dakota. It is a sculpture carved into the granite of Mount Rushmore. American artist and sculptor Gutzon Borglum and his son Lincoln Borglum carried out this project from 1927 to 1941. It features 18m sculptures of the heads of former U.S. presidents George Washington, Thomas Jefferson, Theodore Roosevelt and Abraham Lincoln.

National Memorial

At first, they planned to build the Needles, but later decided to carve the four presidents into the mountain. Now Mount Rushmore National Memorial is a world famous monument and approximately two million people visit it every year.

〈큰 바위 얼굴〉에는 어니스트의 마을을 굽어보는 큰 바위 얼굴이 주요 등장인물 중 하나입니다. 미국에는 실제로 큰 바위 얼굴이 있답니다. 바로 사우스 다코타 주에 있는 키스톤 근방에 위치한 러시모어 산 국립공원입니다. 이 조각상은 러시모어 산의 화강암에 새겨져 있습니다. 미국인 화가이자 조각가인 굿천 보글럼과 그의 아들 링컨 보글럼이 1927년에 시작해 1941년까지 이 프로젝트를 시행했습니다. 러시모어 산 국립공원은 18미터 높이로 미국 대통령 조지 워싱턴, 토마스 제퍼슨, 시어도어 루즈벨트, 아브라함 링컨 등의 두상이 조각되어 있습니다. 두 부자는 처음에는 탑을 만들 계획이었지만, 후에 네 명의 대통령을 새겨 넣기로 결정했어요. 현재 러시모어 산 국립공원은 세계적으로 유명한 기념물로 매년 약 이백만 명의 사람들이 이곳을 방문하고 있답니다.

The Politician

정치인

By the time Old Blood-and-Thunder passed away, he was almost forgotten.

People said, "There was no likeness between Old Blood-and-Thunder and the Great Stone Face. We were foolish to think so."

And now, there was news that a famous politician looked just like the Great Stone Face. The man had been born in the valley, but he had left it to study law and politics. He did not have Mr. Gathergold's wealth or the general's courage.

But his voice was like a magical instrument. Sometimes it rumbled like thunder and sometimes it sounded like the sweetest music.

❓ What is the politician's strength?
⌐ a. courage   b. wealth   c. voice

ㅇ 답용

---

1 **have a heart in** ···안에 진심이 담기다
It seemed to have a heart in it.
마치 그 안에 진심이 담겨 있는 것 같았다.

It was like the sound of trumpets, the song of peace, and it seemed to have a heart in it. He could make [1] angry words seem kind, and sad words seem happy. He could make wrong seem right, and right seem wrong when it pleased him.

□ politician 정치인
□ by the time …할 때쯤
□ pass away 죽다, 사망하다
□ be forgotten 잊혀지다
□ law 법학
□ politics 정치학
□ courage 용맹함, 용기

□ magical 마법의, 신비한
□ instrument 악기
□ rumble like thunder 천둥 같이
　우르릉 소리를 내다
□ wrong 잘못된〔부정한〕일, 부정
□ right 옳은〔정당한〕일
□ please …을 기쁘게 하다

People who heard him speak believed whatever he said. He was known all over the country. Many people thought he would be the next President. And his admirers thought that he looked just like the Great Stone Face.

"Have you seen his likeness to the Great Stone Face in the valley?" asked one of his admirers. "It is exactly the same."

"He may be the man of the legend," some people said.

"Yes, I believe he is," said others.

Before long, the politician was known everywhere as Old Stony Phiz.* One day, he set out to visit the valley. He went there only to get support for the election. But the people in the valley prepared a great celebration to greet him. A parade of horsemen went to meet him at the State boundary.

정치인의 별명으로
'돌의 얼굴'을 뜻한 답니다.

□ whatever …하는 것은 무엇이든
□ admirer 지지자
□ set out to + 동사원형 …하기 위해 나서다
□ get support for …을 위해 지지를 얻다
□ election 선거
□ celebration 축하연
□ greet 맞이하다, 환영하다
□ parade 행렬, 행진
□ horseman 기수
□ State boundary 주 경계선(가장자리)

All the people of the valley left their work early and gathered along the road. Among these was Ernest. He had been disappointed before, but he still believed in the legend. Now he hoped to finally see a man who looked like the Great Stone Face. The parade came along the road in a huge cloud of dust. The dust rose so high that Ernest could not see the Great Stone Face in the distance.

All the great men of the neighborhood were on horseback. Army officers in uniform, the sheriff, newspaper editors, and many farmers had joined the parade. There were many banners and balloons, and all the people were cheering for the great politician.

A band played patriotic songs that added to the festive spirit. The music echoed around the mountain tops. And it almost seemed that the Great Stone Face was singing to welcome the man of the legend home.

□ gather 모이다
□ in a cloud of dust 흙먼지가 날리는 가운데
□ be on horseback 말을 타다
□ army officer 육군 장교
□ sheriff 보안관
□ newspaper editor 신문 기자
□ banner 현수막
□ patriotic 애국적인, 애국심이 강한
□ add to …을 더하다 (= increase)
□ festive sprit 축제 분위기

Old Stony Phiz

All the people were shouting with enthusiasm. On some of the banners, Ernest could see the pictures of Old Stony Phiz.

"If the pictures are true," thought Ernest, "he does look like the Great Stone Face."

The people threw their hats in the air and cheered. Ernest also threw up his hat and shouted as loudly as anyone. [1]

"Hurrah for the great man! Hurrah for Old Stony Phiz!" they cried.

But no one had seen Old Stony Phiz's face yet.

"Here he is!" cried the people. "There! Look at Old Stony Phiz and the Great Stone Face. They are like twin brothers! Look! Look!"

□ shout 소리지르다
□ with enthusiasm 열정적으로
□ in the air 공중에, 허공에
□ hurray for ⋯을 위해 만세를 부르다
□ yet (부정문에서) 아직
□ twin brothers 쌍둥이 형제들

1 as + 부사(A) + as + 명사(B) B만큼(이나) A하게
Ernest also threw up his hat and shouted as loudly as anyone.
어니스트도 공중에 모자를 던지며 다른 사람들만큼이나 크게 소리를 질렀다.

An open carriage came by, drawn by four white horses. Old Stony Phiz sat in it. Ernest looked very carefully at the man's face.

"Admit it," said one of Ernest's neighbors to him. "The Great Stone Face has met its match at last!" [1]

Ernest saw a resemblance between the politician and the face on the mountainside. The politician's forehead was deep and high. The nose was long and straight and the mouth was wide. But something was missing. There was no warmth and kindness in the politician's face. He had a weary look in his eyes. Or he was like a man whose life is empty and without real purpose.

☐ admit 인정하다, 수긍하다
☐ match 닮은 사람〔것〕
☐ at last 드디어, 마침내
☐ resemblance 닮은 점
☐ mountainside 산비탈

☐ have a weary look in …에 지친〔피곤한〕 기색이 보이다
☐ empty 공허한, 텅 빈
☐ purpose 목적
☐ features 이목구비

1 **meet one's match** …와 닮은 사람〔…의 적수〕을 만나다
   The Great Stone Face has met its match at last!
   큰 바위 얼굴이 드디어 닮은 사람을 만났어요!

2 **be similar to** …와 비슷하다, 유사하다
   His features are similar to the Great Stone Face.
   그의 이목구비는 큰 바위 얼굴과 비슷해요.

Ernest's neighbor was standing beside him.

"Doesn't he look exactly like the Great Stone Face?" asked the neighbor.

"No," said Ernest. "His features are similar to the [2] Great Stone Face. But I see no great likeness."

"Well, it's too bad if you can't see the likeness. But the politician is a great man," said the neighbor and he began cheering for Old Stony Phiz.

The parade, the banners and the music passed by with the crowd following them.

"They are wrong again," thought Ernest. "This is not the man."

He turned sadly away. He was very disappointed. Old Stony Phiz could have been the man of the legend if he had wanted. But he had chosen ☀ otherwise.

Ernest looked toward the Great Stone Face and saw the gentle and kind face that he loved.

"Here I am, Ernest!" the lips seemed to say. "I have waited longer than you, and I am not tired of waiting yet. Don't worry. The man will come."

More years went by, and Ernest's hair turned white. [1] He had become an old man. His forehead was still high and broad, but wrinkled with time. The wrinkles in his cheeks and forehead told of his great wisdom. He had more wise thoughts in his head than he had white hairs on it. Few men had wisdom as great as his.

□ turn away 돌아서다
□ otherwise 달리, 다르게
□ wrinkle 주름이 생기다〔지다〕; 주름

□ with time 시간이 지나면서
□ cheek 볼, 뺨
□ wisdom 지혜

1 **one's hair turn white** …의 머리가 백발이 되다
Ernest's hair turned white. 어니스트의 머리가 백발이 되었다.

Mini-Lesson

가정법 과거완료: 만약 …했다면, ~했을 텐데

'만약 …했다면, ~했을 텐데'라고 과거의 사실과 반대되는 상황을 가정하고 싶을 때는 「If+주어+had+p.p., 주어+would/could/should/might+have+p.p.」를 쓰면 된답니다.

- Old Stony Phiz could have been the man of the legend if he had wanted.
  만약 그가 원했더라면, 올드스토니피즈는 전설 속의 남자가 될 수 있었을 텐데.
- If you had gone there, this would have been prevented.
  만약 네가 그곳에 갔더라면, 이런 일은 막을 수 있었을 텐데.

Ernest had never left the valley, but he had become known in the world beyond it. College professors, wise men and politicians came from far away to speak with him.

They had heard that his ideas were very different to the ideas of other men. These ideas were not like those found in books. They were majestic and divine as if they had come from heaven.

Ernest received these visitors politely and spoke with them about many things. While they talked together, he would look at them with a gentle kindness. And his visitors would notice the way his face glowed in the early evening light. [1]

"With the light shining on his face, he seems to be more than human," they thought.

And when his guests went away, they would stop and look at the Great Stone Face. They thought that they had recently seen a man who looked just like it. But they could not remember where.

□ beyond …의 저편(너머)에
□ college professor 대학 교수
□ majestic 장엄한, 위풍당당한
□ divine 신성한
□ receive 맞이하다, 환영하다
□ with a gentle kindness 부드럽고 친절하게

1 **glow in the evening light** 저녁 햇살 속에서 빛나다

His visitors would notice the way his face glowed in the early
evening light.

그의 방문객들은 그의 얼굴이 이른 저녁 햇살 속에서 빛나는 것을 보곤 했다.

Mini-Less⚬n

See p.99

with + 명사(A) + 분사형 동사(B): A가 B하면서 〔하자〕

어떤 동작이 다른 동작과 동시에 일어나는 상황을 설명하고 싶을 때는 「with + 명사(A)
+ 분사형 동사(B)」를 써서 나타내며, 'A가 B하자' 로 해석하면 된답니다.

• With the light shining on his face, he seems to be more than human.
  그의 얼굴에 빛이 비치면서, 그는 사람 이상의 존재인 것처럼 보여.
• With night coming on, we started home.
  밤이 오자, 우리는 집으로 출발했다.

 Check-up Time!

● **WORDS**

퍼즐의 빈칸에 들어갈 알맞은 철자를 써서 단어를 완성하세요.

Across

1. 마법의
2. 지친, 피곤한

Down

3. 행렬, 행진
4. 법학

● **STRUCTURE**

빈칸에 알맞은 단어를 골라 문장을 완성하세요.

1 One day he set out to _____ the valley.

   a. visited   b. visiting   c. visit

2 Old Stony Phiz could have _____ the man of the legend if he had wanted.

   a. be   b. been   c. being

3 _____ the time he passed away, he was almost forgotten.

   a. By   b. On   c. With

본문의 내용과 일치하면 T, 일치하지 않으면 F를 쓰세요.

1 Old Stony Phiz was elected as President. ☐T ☐F

2 Ernest received his visitors with warmth. ☐T ☐F

3 There was a parade for the politician. ☐T ☐F

4 Only the people in the valley thought Ernest ☐T ☐F
was a wise man.

● SUMMARY

빈칸에 맞는 말을 골라 이야기를 완성하세요.

There was a famous politician who was known as Old
Stony Phiz. He had a powerful voice that made people
believe (　　) he said. One day he visited the valley to
get support for the (　　). People prepared a celebration
to (　　) him. They thought Old Stony Phiz and the Great
Stone Face were like twin brothers. But Ernest felt that
something was (　　) in the politician's face.

---

a. welcome　　　　　　　b. whatever

c. missing　　　　　　　　d. election

The Poet
시인

　While Ernest had been growing up and growing old, a poet had become famous. He was a native of the valley, too. He had spent most of his life in the [1] cities, but he never forgot the valley and the Great Stone Face.

　Sometimes he wrote about the mountains where he had been born. He had written a long and beautiful poem about the Great Stone Face.

　His words made even ordinary things seem special.

□ poet 시인
□ become famous 유명해지다
　(become-became-become)
□ write a poem 시 한 편을
　쓰다 (write-wrote-written)
□ ordinary 평범한, 보통의
□ dignified 고귀한
□ valuable 가치 있는, 귀중한

If he wrote about a mountain, it now seemed more majestic than before. If he wrote of a lovely lake, his words made it seem more beautiful than ever. He also wrote about people and their hopes and dreams. And his words made the poorest lives seem dignified ☀ and valuable. He became very famous and everyone loved his poems.

❓ What is true about the poet?
 a. He never saw the Great Stone Face.
 b. He was born in the valley.
 c. He only wrote about nature.

정답은 q

1 **a native of + 장소** …에서 태어난 사람
 He was a native of the valley, too.
 그도 골짜기에서 태어난 사람이었다.

Mini-Less☀n

형용사의 최상급

'가장 …한'이라는 형용사의 최상급을 나타낼 때는 「the+형용사+-est」를 써요. 형용사가 3음절 이상인 경우에는 「the most+형용사」로 쓴다는 것도 기억해 두세요.

• His words made the poorest lives seem dignified and valuable.
 그의 말들은 가장 가난한 사람들의 삶도 고귀하고 가치 있는 것처럼 만들었다.
• Peter is the most popular player in the soccer team.
 피터는 축구팀에서 가장 인기가 많은 선수이다.

Ernest also heard about the poet and bought a
book of his poems. Every evening after work, he sat
on his chair before his cabin. But instead of looking
at the Great Stone Face and thinking deeply, he read
the poems. And he thought about the thrilling
words of the poet. From time to time, he looked at
the Great Stone Face in the distance.

□ instead of …하는 대신에, …하지 않고
□ deeply 깊게, 신중하게
□ thrilling 황홀한, 가슴 떨리는
□ from time to time 가끔, 때때로
□ heavenly 천상의, 천국의
□ resemble 닮다, 비슷하다

"Oh, my friend," he said to the Great Stone Face. "This is a noble man. I would so much like to meet him. His words make everyday things seem heavenly. Is it possible that he resembles you?" [1]

The Great Stone Face seemed to smile, but said nothing.

---

[1] **it is possible that** 절 …하는 것이 가능하다
Is it possible that he resembles you?
그가 당신과 닮는 것이 가능할까요?

The poet lived far away from the valley. But he had heard of Ernest and wanted to meet him.

One summer morning, he took a train to the valley of the Great Stone Face. He traveled for many hours and finally arrived at the hotel where Mr. Gathergold once lived. But the poet passed by the hotel. He took his bag and started walking. As he approached the cabin, he saw an old man holding a book in his hand. Ernest was reading the book and looking up lovingly at the Great Stone Face. [1]

"Good evening," said the poet. "Can you give me a place to sleep for the night?" [2]

"Of course," said Ernest with a warm smile. "You are welcome. I never saw the Great Stone Face look so warm at a stranger."

1 **look up at** …을 올려다보다
Ernest was reading the book and looking up lovingly at the Great Stone Face.
어니스트는 책을 읽으며 큰 바위 얼굴을 사랑스럽게 올려다 보고 있었다.

2 **sleep for the night** 하룻밤을 자고 가다
Can you give me a place to sleep for the night?
오늘 하룻밤을 자고 갈 곳을 내주실 수 있으신가요?

□ live far away from
…에서 멀리 떨어진 곳에 살다
□ hear of (소문으로)
…에 대해 듣다
(hear-heard-heard)
□ travel 여행하다
□ start ...ing …하기 시작하다
□ stranger 낯선 사람, 이방인

The poet sat down beside Ernest and the two men began to talk. The hours passed by like seconds.

The poet had talked with many wise men before, but he had never talked with a man who spoke as honestly as Ernest.

And no man could express his deepest feelings and thoughts better than Ernest. It seemed that angels had lived with Ernest and talked with him beside his fire.

And Ernest spoke of these divine ideas in sweet but ordinary words. The poet was deeply impressed by [1] Ernest's wisdom. And Ernest was impressed by the poet. He never met a man who could understand him so well. It seemed as if their thoughts were in complete harmony. [2]

> ? What does the poet think about Ernest?
>   a. He speaks honestly.
>   b. He is easily impressed.
>   c. He couldn't express his feelings.

☐ like seconds 순식간에, 금세 ☐ express 표현하다, 드러내다
☐ honestly 진실되게, 진솔하게 ☐ A but B A 하지만 B한

---

1 **be impressed by** …에 의해 감동〔감명〕을 받다
The poet was deeply impressed by Ernest's wisdom.
시인은 어니스트의 지혜에 깊은 감동을 받았다.

2 **be in complete harmony** 완벽한 조화를 이루다
It seemed as if their thoughts were in complete harmony.
마치 그들의 생각이 완벽한 조화를 이루는 것 같았다.

As he listened to the poet, Ernest looked up at the Great Stone Face. It seemed to be listening to everything that Ernest and the poet were talking about. Ernest turned to the poet and looked deeply into his eyes. [1]

"Who are you?" he asked.

The poet looked at the book and pointed to his name on the cover.

□ point to …을 가리키다
□ on the cover 표지에 있는
□ shake one's head 고개를 가로젓다
(shake-shook-shaken)

"You know my name," he said. "You are reading my poems."

Ernest looked at the poet's face and then turned to look at the Great Stone Face.

Then he shook his head, and sighed with disappointment.

1 **look deeply into one's eyes** …의 눈을 깊이 응시하다
Ernest turned to the poet and looked deeply into his eyes.
어니스트는 시인 쪽으로 몸을 돌려 그의 눈을 깊이 응시했다.

"Why do you look so sad?" asked the poet.

"I have waited all my life for the noble man of the legend to appear," said Ernest. "And when I read these poems, I hoped he might be you."

"You hoped that I would look like the Great Stone Face," said the poet with a smile. "And you are disappointed as you were with Mr. Gathergold, Old Blood-and-Thunder, and Old Stony Phiz. I'm sorry to disappoint you again. But do not compare me with [1] the Great Stone Face. I am not worthy of such a [2] comparison."

"Why do you think you are not worthy?" asked Ernest. "Your words are full of beauty and truth. They are pure and divine."

□ be sorry to + 동사원형 … 해서
　　미안하다〔유감이다〕
□ such a + 명사 그러한 …
□ comparison 비교
□ beauty 아름다움
□ truth 진실
□ pure 순수한, 깨끗한
□ not the same as …와 같지 않은

□ reflect 반영하다
□ lack …이 없다〔부족하다〕
□ faith 믿음, 신념
□ with tears in one's eyes
　　…의 눈에 눈물이 고인 채로
□ in the open air 야외에서
□ meeting place 약속 장소

"Perhaps my writing has some beauty and truth," said the poet. "But my writing is not the same as my life. My thoughts do not reflect my life. Sometimes I lack faith. My writing expresses the faith I wish I had."

Ernest listened very carefully to the poet. The poet spoke sadly with tears in his eyes. Ernest's eyes were full of tears, too.

Each day when the sun was going down, Ernest met to talk with his neighbors in the open air. This evening, he and the poet walked together to the meeting place.

❓ What is true about the poet?
a. His thoughts reflect his life.
b. He is sorry to disappoint Ernest.
c. His writing is the same as his life.

정답은 q

1 **compare A with B** A와 B를 비교하다
Do not compare me with the Great Stone Face.
저와 큰 바위 얼굴을 비교하지 마세요.

2 **be not worthy of** …할 가치가 없다
I am not worthy of such a comparison.
전 그런 비교를 할 가치가 없어요.

It was a small clearing area
surrounded by the thick forest.
They walked through the clearing
and there was a magnificent view.

□ clearing area 공터
□ surrounded by …로 둘러싸인
□ thick forest 울창한 숲
□ gathering 모임
□ audience 청중, 관중
□ lie 눕다 (lie-lay-lain)
□ comfortably 편안하게
□ expression 표정

They were looking at a peaceful lake with the Great Stone Face behind it. In front of them was a small gathering of people. Ernest looked at his audience with warmth and kindness.

They stood or sat or lay comfortably on the grass, with the sun setting behind them. They waited for Ernest to begin speaking. Away in the distance was the Great Stone Face, with the same kind expression on its face.

Ernest spoke to the people about what was in his heart and mind. His words had power because they reflected his life. And his thoughts were wise because his life of good deeds and love was in them. The poet's eyes filled with tears as he looked at Ernest's ☀ kind and sweet face.

"His words are more beautiful and powerful than any of the poetry I've written," thought the poet. "He looks just like a prophet from the Bible, with the white hairs around his head. He is old and wise and kind. His words are as valuable as pearls. The people in this valley love him although they do not speak of it. They take him for granted because they know him [1] so well. But their lives are better because he lives among them. He is a noble man in every way." [2]

- □ in one's mind ···의 마음 속에
- □ have power 힘이 있다
- □ good deeds 선한 행동들
- □ poetry (집합적) 시
- □ prophet 선지자, 예언자
- □ the Bible 성서
- □ although ···에도 불구하고
- □ speak of ···에 관해 말하다

---

1 **take ... for granted** ···을 당연하게 생각하다 [여기다]
They take him for granted because they know him so well.
사람들은 그를 너무 잘 알고 있기 때문에 그를 당연하게 생각해.

2 **in every way** 모든 면에서
He is a noble man in every way.
그는 모든 면에서 고귀한 사람이다.

Mini-Lesson

시간을 나타내는 as : …할 때, …하자

as는 문장 속에서 다양한 의미로 사용돼요. 여기서는 두 가지 행동이 동시에 일어
나는 상황을 설명하는 접속사로 '…할 때, …하자' 라는 뜻으로 쓰였답니다.

• The poet's eyes filled with tears as he looked at Ernest's kind and sweet face.
   시인이 어니스트의 친절하고 상냥한 얼굴을 봤을 때, 눈에 눈물이 가득 고였다.
• Turn off the light as you go out. 네가 나갈 때, 불을 꺼라.

In the distance, the poet saw the Great
Stone Face with the final rays of the setting
sun shining on it.

The white clouds around it resembled the
white hairs surrounding Ernest's head. It was a
grand and magnificent sight.

At that moment, the poet saw something no
one had seen before. He looked at Ernest once
more and then at the Great Stone Face on the
mountain.

□ ray 빛, 광선
□ setting sun 지는 해
□ surrounding …을 둘러싼
□ grand 장엄한, 위대한
□ sight 광경, 모습
□ at that moment 그 순간, 그때
□ tremble (몸이) 떨리다

His body began to tremble and he threw his arms into the air. [1]

"Look! Everybody!" he shouted. "Look at the Great Stone Face! Look at Ernest! Ernest is exactly like the Great Stone Face!"

Then all the people looked at Ernest and at the Great Stone Face. They saw that what the poet said was true. The noble man of legend had always lived among them.

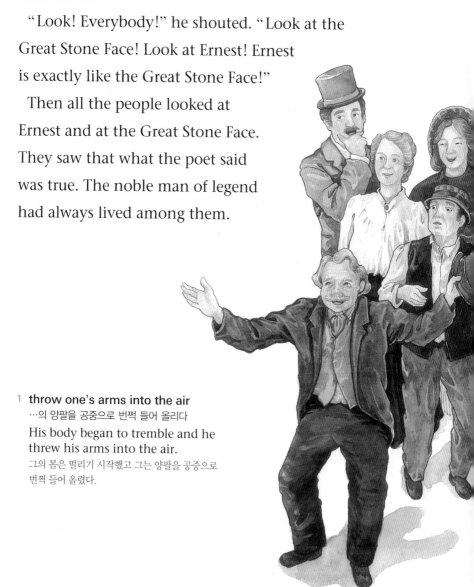

[1] **throw one's arms into the air**
…의 양팔을 공중으로 번쩍 들어 올리다
His body began to tremble and he threw his arms into the air.
그의 몸은 떨리기 시작했고 그는 양팔을 공중으로 번쩍 들어 올렸다.

"The poet is right," they whispered quietly. "It is Ernest that we have been waiting for. It is Ernest. [1] The legend came true long ago and we did not know it. The great man has always been here in the valley with us."

Ernest grew silent for a moment. Then he continued to speak and the people listened as they had always listened to him. And as always, the words he spoke made them feel blessed and content with their lives. [2]

---

1 **it is + 강조할 어구(A) + that 이하(B)** B하는 것은 바로 A이다 (강조)
It is Ernest that we have been waiting for.
우리가 기다려온 사람은 바로 어니스트야.

2 **feel content with one's life** ···의 삶에 만족한 느낌이 들다
And as always, the words he spoke made them feel blessed and content with their lives.
그리고 언제나처럼, 그가 하는 말들은 그들은 축복받은 기분이 들게 하고 그들의 삶에 만족한 느낌이 들게 만들었다.

3 **step down into** ···로 내려가다
Finally, Ernest finished speaking and stepped down into the clearing.
마침내 어니스트는 이야기를 끝내고 공터로 내려갔다.

Finally, Ernest finished speaking and stepped down into the clearing. Then he took the poet's arm and [3] walked slowly homeward. And he prayed that one day a wiser man than he would come to the valley. One who looked exactly like the Great Stone Face!

- □ for a moment 한동안
- □ as always 언제나처럼
- □ feel blessed 축복받은 기분이 들다 (feel-felt-felt)
- □ take one's arm …의 팔짱을 끼다
- □ homeward 집을 향해
- □ pray 기도하다, 바라다

 Check-up Time!

● **WORDS**

빈칸에 알맞은 단어를 고르세요.

1 His words made even _____ things seem special.

   a. thrilling   b. pure   c. ordinary

2 His body began to _____ and he threw his arms into the air.

   a. reflect   b. tremble   c. express

3 I am not _____ of such a comparison.

   a. worthy   b. majestic   c. dignified

● **STRUCTURE**

빈칸에 알맞은 전치사를 보기에서 골라 써넣으세요.

in	by	for

1 It was a small clearing area surrounded _____ the thick forest.

2 They take him _____ granted because they know him so well

3 It seemed as if their thoughts were _____ complete harmony.

다음은 누가 한 말일까요? 기호를 써넣으세요.

a.

Poet

b.

Ernest

1 "Perhaps my writing has some beauty and truth." _____

2 "I never saw the Great Stone Face look so warm
   at a stranger." _____

3 "I have waited all my life for the noble man
   of the legend to appear." _____

● SUMMARY

빈칸에 알맞은 말을 보기에서 골라 이야기를 완성하세요.

A poet who was a ( ) of the valley had become
famous by writing many beautiful ( ). Ernest heard of
him and read his poetry. Also the poet had heard of
Ernest and wanted to meet him. One day the poet took
a ( ) and came to visit Ernest. They talked for hours
and were deeply ( ) by each other. The poet finally
realized that Ernest was the man of the legend.

a. native   b. impressed   c. train   d. poems

ANSWERS

Summary | a, d, c, b
Comprehension | 1. a 2. b 3. b

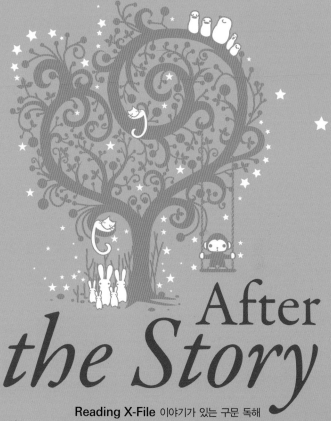

After the Story

Reading X-File 이야기가 있는 구문 독해
Listening X-File 공개 리스닝 비밀 파일
Story in Korean 우리 글로 다시 읽기

I wish it could speak.

저는 그것이 말을 할 수 있으면 좋겠어요.

★　★　★

큰 바위 얼굴을 친구이자 스승으로 여기며 성장하는 어니스트는 큰 바위 얼굴이 말을 할 수 있으면 좋겠다고 생각합니다. 어니스트의 이러한 바램은 '…라면 좋겠다' 라는 뜻을 나타내는 I wish + 주어 + 과거형 동사의 형태를 통해 표현되고 있는데요, 이때 과거형 동사는 현재 사실과 반대되는 상황을 바랄 때 쓰는 가정법 과거 시제랍니다. 그럼 어니스트와 엄마의 대화로 다시 한번 살펴볼까요?

Ernest

Mother, I wish I could meet the man who just looked like the Great Stone Face.

엄마, 저는 큰 바위 얼굴과 똑같이 생긴 사람을 만날 수 있으면 좋겠어요.

Mother

Well, let's wait until we could meet him someday!

음, 언젠가 우리가 그를 만날 수 있을 때까지 기다려보자!

We are so fortunate that he has chosen to live here.

그가 이곳에 살기로 결정했다니 우리는 참 운이 좋네요.

★　★　★

큰 바위 얼굴과 닮은 사람이 나타나기를 기다리는 마을 사람들은 무역으로 큰 부자가 된 개더골드 씨가 마을로 돌아와 살기로 했다는 이야기를 전해 듣고 무척 기뻐합니다. 마을 사람들의 이런 심정을 나타낸 위 문장에 '…하다니 참〔너무〕 ~하다' 라는 뜻의 so + 형용사 + that + 주어 + 동사 구문이 사용되었는데요, 이 표현을 어니스트와 시인의 대화로 다시 한번 볼까요?

Ernest

Your poems are beautiful and impressive.
I read all the poems you wrote.

당신의 시들은 아름답고 인상적이네요. 저는 당신이 쓴 시들을 모두 읽었어요.

Poet

I am so honored that you read them all.

당신이 제 시들을 다 읽었다니 참 영광이네요.

Over the general's chair was an arch of laurel leaves.

장군의 의자 위에는 월계수 잎으로 만든 아치가 있었다.

★ ★ ★

용맹한 장군 올드 블러드앤드선더의 귀향을 환영하기 위해 마을 사람들은 푸짐한 음식과 함께 월계수 잎으로 장식한 특별한 의자를 준비하는데요, 장군의 의자를 묘사한 위 문장을 살펴보면 주어(an arch of laurel leaves)와 동사(was)의 위치가 바뀐 것을 알 수 있습니다. 이는 Over the general's chair처럼 장소를 나타내는 부사구를 강조하기 위해 문장 맨 앞에 두었기 때문인데요, 이처럼 부사구가 앞에 올 때는 주어와 동사의 위치를 바꾸어야 한다는 것, 잊지 마세요!

Ernest

Beside the river is a beautiful building like a shining white star. It is really amazing!

강 옆에는 빛나는 흰색 별처럼 아름다운 건물이 있어요.
그 건물은 정말 멋져요!

Mother

Yes, I saw it yesterday, too. It was the most beautiful building I've ever seen.

그래, 나도 어제 그것을 봤단다. 그것은 내가 이제껏 본 건물 중 가장 아름답더구나.

With the light shining on his face, he seems to be more than human.

그의 얼굴에 빛이 비치자, 그는 인간 이상의 존재처럼 보였다.

★ ★ ★

어니스트의 명성을 듣고 찾아온 사람들은 그와 대화를 나누고 돌아가는 길에 어니스트의 얼굴에 빛이 비치는 것을 보고 예사롭지 않은 그의 모습에 감탄합니다. 이러한 상황을 묘사한 위 문장을 보면 빛이 비치는 것과 어니스트가 인간 이상의 존재처럼 보이는 것이라는 두 가지 동작을 동시에 설명하고 있음을 알 수 있습니다. 이처럼 '…가 ~하자(하면서)'로 두 가지 다른 동작이 동시에 일어나는 상황을 설명하고 싶을 때는 with + 명사 + 분사형 동사를 써서 표현한답니다.

Poet

Where did all your guests go?

당신의 손님들은 모두 어디로 가셨나요?

Ernest

With the sun going down, they returned home.

해가 지자, 손님들은 집으로 돌아갔어요.

01 한 단어처럼 발음해 주세요~

단어 끝의 자음은 뒤에 오는 모음과 부드럽게 이어 주세요.

Stand up!은 [스탠드 업]처럼 단어별로 각각 끊어서 발음하지 않고 [스탠덥]으로 부드럽게 한 단어처럼 발음한답니다. 자음으로 끝나는 단어 뒤에 모음으로 시작하는 단어가 오면, 앞의 자음과 뒤의 모음이 연결되는 연음현상이 일어나기 때문이지요. 그래서 두 단어가 마치 한 단어처럼 들린답니다. 연음현상을 본문 20쪽에서 다시 살펴볼까요?

They had (　) waited for years for the man to come.

watched and [워취드 앤드]로 끊어 읽지 말고 [워취댄드]로 한 단어처럼 부드럽게 이어서 발음해 주세요.

watched and

02 아뢴지 주스 한 잔 주세요!

강세가 있는 o는 [오]가 아닌 [아]로 발음해 주세요.

o가 항상 [오]로만 발음되지는 않는다는 사실, 알고 계신 가요? 특히 강세를 받는 o의 경우에는 우리말의 [아]와 비슷하게 발음된답니다. 입을 약간 오므린 상태에서 턱을 밑으로 살짝 당기면서 [아]하고 소리 내어 보세요. 지금부터 orange는 [오렌지]가 아닌 [아뢴지]로 발음하기로 해요. 그럼 이런 예를 본문 57쪽에서 함께 찾아 볼까요?

The man had been born in the valley, but he had left it to study law and (   ).

politics 입을 약간 오므린 상태에서 턱을 살짝 당겨 [폴러틱스]가 아닌 [팔러틱스]로 발음해 주세요.

03 강하게 크흐~

단어 맨 앞에 오는 c는 강하게 발음해 주세요.

class나 crazy처럼 c가 단어의 맨 처음에 오는 경우에는 어떻게 발음해야 할까요? 턱을 아래로 당긴 다음 목구멍을 크게 열어 입 안 깊숙한 곳에서부터 강하게 [ㅋㅎ] 하고 소리를 내보세요. 우리말 [ㅋ]를 발음할 때보다 목젖 부분에 공기 마찰이 심하게 일어나는 것을 느낄 수 있을 거예요. 그럼 본문 60쪽에서 함께 살펴볼까요?

The parade came along the road in a huge
(   ) of dust.

cloud 턱을 아래로 당겨서 입 안 깊숙한 곳에서부터 강하게 [클ㅎ라우드] 하고 발음해 보세요.

04

t와 r이 만났을 때

t 다음에 r이 오면 t를 [ㅊ]로 발음해 주세요.

tree처럼 t 다음에 r이 나오면 어떻게 발음할까요? 자세히 들어보면 [트리]가 아니라 [츄리]로 발음한다는 것을 알 수 있는데요, 이는 t 다음에 r이 오면 t가 [ㅌ]가 아닌 [ㅊ]로 발음되기 때문이랍니다. tr에서 r을 정확하게 발음하기 위해서 입을 모아서 발음하면, t는 자연히 [ㅊ]로 발음할 수 있을 거예요. 본문 76쪽에서 함께 확인해 볼까요?

One summer morning, he took a (   ) to the valley of the Great Stone Face.

train t 보다는 r에 더 중점을 두어 입을 모은 채 발음하면 자연스럽게 [츄레인]이라고 발음할 수 있어요.

1장 | 큰 바위 얼굴의 전설

`p.14~15` 깊은 산골, 넓은 골짜기에 많은 사람들이
살고 있었다. 그들은 열심히 일을 해야 했지만, 행
복했다. 그들 모두는 상당히 다른 삶을 살고 있었
지만, 한 가지 공통점을 가지고 있었다. 그들은 큰
바위 얼굴이 지켜보는 곳에서 성장했다는 것이다.

큰 바위 얼굴은 골짜기 끝 높은 산 위에 있었다. 가
까이에서 보면, 그것은 그냥 거대한 바위들이 모여있는
것처럼 보였다. 하지만 멀리서 보면, 그것은 사람의 얼굴처럼 보였
다. 이마는 높으면서 널찍했고, 코는 길게 쭉 뻗어 있었다. 입술은 넓고 자애로워 보였
다. 그것은 무척 기품 있는 얼굴이었다. 골짜기에 사는 사람들은 큰 바위 얼굴이 그들
을 지켜주고 보살펴 준다고 믿었다. 그들은 큰 바위 얼굴을 무척 자랑스러워했다.

`p.16~17` 어느 날 저녁, 어린 소년 어니스트는 오두막집 앞에 엄마와 함께 앉아 있었
다. 그들은 해가 지는 광경을 보고 있었다.

"정말 아름다운 저녁이구나, 그렇지 않니?" 엄마가 소년에게 말했다.

어니스트는 그저 고개만 끄덕였다. 그는 큰 바위 얼굴을 바라보고 있었다. 그리고
나서 그는 엄마 쪽으로 몸을 돌렸다.

"엄마, 큰 바위 얼굴은 정말 친절하고 너그러워 보여요. 저는 큰 바위 얼굴이 말을
할 수 있으면 좋겠어요. 저는 그것이 멋진 목소리를 가졌을 것이라는 생각이 들어요.
저는 큰 바위 얼굴과 꼭 닮은 사람을 만나고 싶어요." 어니스트가 말했다.

"언젠가 큰 바위 얼굴과 꼭 닮은 사람을 만날 것이라고 믿는 사람들도 있단다." 엄
마가 말했다.

"무슨 말씀이세요, 엄마? 말씀해 주세요." 어니스트가 조바심을 내며 물었다.

엄마는 아들에게 이야기를 시작했다.

p.18~19 "내가 어렸을 때, 엄마가 나에게 해주신 이야기란다. 오래 전, 그러니까 우리가 이 곳에 오기 전에, 인디언들이 여기 골짜기에 살았단다. 그들은 언젠가 큰 바위 얼굴과 꼭 닮은 아이가 골짜기에 태어날 것이라고 믿었지. 그들은 그가 위대한 운명을 가지고 태어난다고 믿었어. 그리고 그들은 그 아이가 세상에서 가장 고귀한 사람이 될 것이라고 믿었어. 골짜기의 많은 사람들은 여전히 그 아이가 태어나기를 기다리고 있단다." 엄마가 말했다.

"오, 엄마! 저도 그 아이가 꼭 태어나면 좋겠어요. 저는 정말로 그를 만나고 싶어요. 저는 그를 좋아하게 될 것 같아요." 어니스트가 말했다.

어니스트의 엄마는 사랑이 넘치고 사려 깊은 여성이었다. 그녀는 그녀의 아들이 무엇인가 믿음을 가지기를 바랐다.

"아마도 그렇게 될 거야. 언젠가는 그렇게 될 것이란다." 엄마는 미소를 지으며 말했다.

p.20~21 골짜기의 어떤 사람들은 그 이야기를 믿지 않았다. 그들은 오랫동안 그가 오기를 기다렸다.

이제 그들은 기다리는데 지쳐서 그 이야기가 단순히 전설이라고 생각했다. 하지만 어니스트는 그 이야기를 믿으며 절대 잊지 않았다. 그는 매일 아침 일어나 큰 바위 얼굴을 바라보았다. 그는 언젠가 큰 바위 얼굴과 똑같이 생긴 사람을 만나기를 바랬다.

어니스트는 조용하고 친절한 소년으로 자랐다. 골짜기에서 어니스트를 크게 주목하는 사람은 없었다. 그는 오두막집에서 어린 시절을 보냈다. 그는 사랑이 넘치고 친절하며 항상 엄마를 도왔다.

p.22~23 어니스트는 들판에서 일을 하며 하루하루를 보냈다. 그는 학교에 다니지 않았지만, 사려 깊고 현명했다.

'어니스트는 무척 총명하고 친절해. 다른 소년들은 학교에 가지만, 어니스트는 그 아이들보다 더 총명해. 나의 가장 큰 바램은 어니스트가 훌륭하고 현명한 사람으로 자라는 것이야.' 어니스트의 엄마는 이렇게 생각했다.

어니스트는 매일 하루 일과를 마치고, 자리에 앉아서 몇 시간이고 큰 바위 얼굴을 바라보았다. 그는 큰 바위 얼굴이 그를 알아 보고 미소를 짓는다고 상상하기 시작했다. 어니스트는 마음 속으로, 큰 바위 얼굴이 그에게 말을 한다고 생각했다.

'언젠가 친절하고 강인하고 현명한 사람이 나타날 것이다. 그가 말을 하면, 천사의 목소리가 들릴 것이다. 사람들이 그의 말을 듣고 그가 한 말을 믿을 것이다. 그리고 그가 그들과 함께 지낸다는 이유만으로 그들의 삶은 나아질 것이다.' 그의 마음 속의 목소리가 말했다.

2장 | 부유한 남자

p.26~27 어느 날, 어니스트가 들판에서 일을 하고 있을 때 이웃 한 명이 그에게 다가왔다.

"소식 들었니?" 이웃이 물었다.

"아니요. 무슨 소식인데요?" 어니스트가 물었다.

"사람들이 그러는데 뉴포트에 훌륭한 사람이 있다는구나. 그는 큰 바위 얼굴과 꼭 닮았대. 사람들은 그를 개더골드 씨라고 부르는데." 이웃이 말했다.

어니스트는 이 이야기에 무척 흥미가 생겼다.

"조금 더 말씀해 주세요." 어니스트가 말했다.

"오래 전에, 개더골드 씨는 이 골짜기에 살았어. 그가 젊었을 때, 가난해서 바닷가의 먼 마을로 떠났어. 그는 자그마한 사업을 시작했고 무척 열심히 일했어. 여러 척의 무역선들을 사들여 전 세계로 보냈지. 추운 북극 지방에서는 모피를 들여왔어. 더운 아프리카 지방에서는 금과 다이아몬드를 가져왔어. 아시아에서는 고운 옷감, 향료, 차, 그리고 커다란 진주들을 들여왔지. 그는 이 귀한 물건들을 팔아서 아주 큰 부자가 되었어." 이웃이 말했다.

p.28~29 "사람들이 왜 그를 개더골드 씨라고 부르나요?" 어니스트가 물었다.

"어떤 사람들은 그를 마이다스 왕과 비교해. 그리스 신화의 마이다스 왕 말이야. 마이다스 왕은 만지기만 하면 무엇이든 황금으로 변했어. 그리고 개더골드 씨가 만지는 것도 모두 황금으로 변했다고 해. 어쨌든 그가 골짜기로 돌아와. 그는 무척 부유해서

이 곳에 큰 저택을 지을 계획이라는군."

"정말인가요? 저도 큰 바위 얼굴과 닮은 그 사람을 만나고 싶어요." 어니스트가 외쳤다.

몇 주 후에, 많은 건축업자들이 골짜기로 왔다. 그들은 강 옆에 저택을 짓기 시작했다. 골짜기의 모든 사람들이 저택을 보기 위해서 모여들었다.

몇 달 후에, 훌륭한 저택이 완성되었다. 멀리서 보면, 저택은 빛나는 하얀 별처럼 보였다. 저택은 눈처럼 하얀 대리석으로 넓은 현관과 높은 기둥이 있었다. 정문은 육중한 나무와 은으로 만들어졌다. 그리고 긴 창문은 빛나는 유리로 만들어졌다. 저택은 골짜기에서 봤던 건물 중 가장 아름다운 건물이었다. 모두가 저택에 대해 이야기했다. 모두가 그것에 관해 무척 궁금해했다.

p.30~31 "내부는 어떻게 생겼을까요?" 사람들은 궁금해했다.

"집은 외부보다 내부가 더 아름다워요. 모든 방이 무척 크고 아름답고 값비싼 물건들로 장식되어 있어요. 그리고 가구, 카펫, 그리고 커튼들은 모두 수입품이에요. 개더골드 씨의 침실이 가장 아름다운 방이에요. 온통 금으로 되어 있어요." 건축업자가 말했다.

"와, 멋지네요. 저는 어제 수십 명의 하인들이 그 집으로 들어갔다고 들었어요. 내일 저녁에 개더골드 씨가 도착한대요." 이웃이 말했다.

"그가 이곳에 살기로 하다니 우리는 참 운이 좋네요." 다른 남자가 말했다.

다음 날, 모두가 개더골드 씨를 전설 속의 남자로 받아들일 준비를 했다. 그들은 무척 들떠 있었고, 위대한 인물이 골짜기로 돌아오는 것을 지켜보기 위해서 모였다. 어니스트는 특히 그를 보기 위해 초조해했다. 그는 개더골드 씨가 골짜기의 사람들에게 좋은 일을 하는데 자신의 재산을 쓰기를 바랐다.

p.32~33 마침내 어니스트가 길을 따라 다가오는 바퀴 소리를 들었다.

"그가 온다! 위대한 개더골드 씨가 마침내 도착했어!" 사람들이 외쳤다.

네 마리의 말이 끄는 마차가 커브길을 돌았다. 마차 안에는 나이 든 남자가 타고 있었다. 그는 누렇고 주름진 얼굴에 이마가 좁았다. 코는 길고 구부러져 있었다. 눈은 작고 입술은 얇았다. 얼굴에는 웃음기가 없었고 눈에는 따스함이 없었다.

"저기를 봐! 큰 바위 얼굴이야! 전설이 사실이었어. 마침내 위대한 사람이 왔어! 이곳 골짜기에서 엄청난 일들이 벌어질 거야!" 사람들이 외쳤다.

어니스트는 길을 따라 마차가 오는 것을 보았다.

p.34~35 멀리 길가에 한 노파와 두 자식이 있었다. 마차가 지나가자, 그들은 개더골드 씨에게 손을 내밀었다.

"저희는 먹을 것이 없어요. 저희에게 돈을 좀 주세요, 친절하신 선생님!" 노파가 외쳤다.

개더골드 씨는 마차의 창문을 열고 땅에 구리 동전 몇 개를 던졌다.

사람들은 그에게 환호하며 소리쳤다. "그는 큰 바위 얼굴과 똑같아!"

하지만 어니스트는 그의 주름지고 탐욕스러운 얼굴을 보고 무척 실망했다.

'그는 큰 바위 얼굴과 전혀 닮지 않았어. 그리고 그는 따뜻한 마음을 가진 것 같지 않아. 큰 바위 얼굴은 너그럽고 친절하지만, 개더골드 씨는 차갑고 이기적인 것 같아.' 어니스트가 생각했다.

그리고 그는 큰 바위 얼굴 쪽을 바라보았다. 큰 바위 얼굴의 널찍하고 웃는 듯한 입술이 그에게 기운을 북돋우며 말을 건네는 것 같았다.

p.36~37 '그는 올 거야! 걱정하지 말거라, 어니스트. 언젠가 그는 꼭 올 거야!'

몇 년의 시간이 더 흐르고, 어니스트는 청년으로 자랐다. 그는 열심히 일했고 엄마와 골짜기의 이웃 사람들을 잘 도왔다. 하지만 여전히 그는 매일 저녁 앉아서 큰 바위 얼굴을 바라보는 것을 좋아했다.

"어니스트가 큰 바위 얼굴을 바라보는 것을 본 적이 있어요? 매일 저녁 똑같아요. 그는 몇 시간이고 큰 바위 얼굴을 바라봐요. 정말 이상한 습관이에요!" 이웃들이 말했다.

"음, 그는 골짜기의 다른 청년들과는 줄곧 달랐어요. 하지만 그는 부지런하고 친절한 청년이에요. 그리고 그는 엄마에게도 잘하고. 그러니까 우리는 그것을 가지고 어니스트를 놀려서는 안 돼요." 다른 사람들이 말했다.

　그래서 그들은 그를 내버려 두고 방해하지 않았다. 그들은 큰 바위 얼굴이 어니스트에게 스승이 되고 있다는 것은 알지 못했다. 큰 바위 얼굴의 친절하고 따뜻한 표정은 그에게 따뜻함과 존경심을 가지고 다른 사람들을 대해야 한다는 것을 가르쳐주었다. 그리고 어니스트는 큰 바위 얼굴을 바라보면서, 많은 생각을 했다. 하지만 그는 여전히 전설 속의 남자가 언제 골짜기에 나타날지 궁금해했다.

`p.38~39` 몇 년 뒤, 개더골드 씨는 세상을 떠났다. 그는 살아있는 동안, 골짜기의 사람들을 돕는 데 아무 일도 하지 않았다. 그는 세상을 떠나기 전에 모든 재산을 잃었다. 그리고 그의 재산이 사라지자, 사람들은 더 이상 그와 큰 바위 얼굴이 닮았다고 생각하지 않았다. 그래서 그들은 그가 살아있을 때도 그를 존경하지 않았고, 그가 세상을 떠나자 금세 잊혀졌다. 그의 훌륭한 저택은 큰 바위 얼굴을 보기 위해 골짜기에 온 관광객들의 호텔로 바뀌었다.

　전설 속의 고귀한 사람은 오지 않았지만, 어니스트는 여전히 희망을 갖고 있었다.

　'그는 나타날 거야. 큰 바위 얼굴이 그가 나타날 것이라고 약속했어. 살아서 그를 볼 수 있으면 좋겠어.' 어니스트가 생각했다.

3장 | 군인

`p.42~43` 갑자기 골짜기에 무척 흥분된 분위기가 감돌았다. 골짜기에서 태어난 또 다른 위대한 인물이 고향으로 돌아오고 있었다. 어니스트가 태어나기 한참 전, 이 젊은이는 골짜기를 떠나 군에 입대했다.

　수년간의 치열한 전투 끝에, 그는 위대한 장군이 되었다. 그는 한 번도 전투에서 패한 적이 없었고 올드 블러드앤드선더로 알려졌다. 그는 이제 나이가 아주 많이 들었고 군생활에도 지쳤다. 그는 골짜기에 있는 평화로운 고향집에 돌아가기를 원했다.

　어느 날, 어니스트와 이웃들이 이야기를 하고 있었다.

　"어니스트, 최근 소식 들었어요?" 이웃이 물었다.

"네, 나이든 장군이 큰 바위 얼굴과 똑같이 생겼다는 말을 들었어요. 그것이 사실인 가요?" 어니스트가 말했다.

"글쎄요, 잘 모르겠어요. 하지만 장군의 보좌관 중 한 명이 골짜기를 방문해 장군이 큰 바위 얼굴과 똑같이 생겼다고 말했어요." 이웃이 말했다.

"저는 그 이야기가 사실이었으면 좋겠어요. 우리는 무척 오랫동안 기다렸잖아요. 하지만 그가 도착하기 전까지는 확실하게 알 수 없어요." 어니스트가 말했다.

사람들은 고향으로 돌아오는 올드 블러드앤드선더를 환영하기 위해 성대한 축하연을 열어주기로 결정했다.

p.44~45 축하연이 열리는 날에 골짜기의 사람들은 일찍 일터를 떠났다. 어니스트는 사람들을 따라 축하연이 열리는 장소로 갔다. 숲 속에 탁자들이 놓여 있었고 맛있는 음식들이 가득 있었다. 모든 탁자에서 사람들은 산에 있는 큰 바위 얼굴을 볼 수 있었다.

장군의 의자 위에는 월계수 잎으로 만든 아치가 있었다. 월계수 잎 아치 위에는 장군이 항상 전투에 가지고 다녔던 깃발이 있었다.

어니스트가 공터로 다가가자, 배틀블레스트 목사가 장군을 축원하는 소리가 들렸다. 어니스트는 발끝으로 서서 올드 블러드앤드선더를 보려고 했다. 하지만 모두가 장군을 보기 위해 앞쪽으로 몰려 들어 어니스트는 사람들 뒤쪽으로 밀려갔다. 그는 아무것도 보지 못했다.

p.46~47 어니스트는 전설 속의 남자가 군인이라는 사실이 의아했다. 그는 항상 고귀한 사람은 평화의 인물일 것이라고 생각했다.

"하지만 하느님이 제일 잘 아실 거야. 아마 장군도 현명하고 친절해서 사람들을 행복하게 만들어 줄 수 있을 거야." 어니스트가 생각했다.

그는 큰 바위 얼굴을 바라보았다. 그것은 마치 충직하고 오랜 친구처럼 그를 향해 웃고 있었다.

한편 어니스트의 귀에 사람들이 장군과 큰 바위 얼굴에 대해 이야기하는 소리가 들렸다.

"얼굴이 똑같아!" 한 남자가 외쳤다.

"정말 똑같아! 그가 큰 바위 얼굴이야." 다른 남자가 외쳤다.

"그는 살아있는 사람 가운데 가장 고귀한 사람이야." 다른 사람이 소리쳤다.

그리고 나서 그들은 엄청난 환호성을 질렀다. 이걸 듣고 다른 사람들도 환호성을 질렀다. 이 소리가 골짜기에 울려 퍼졌다.

곧 누군가 소리쳤다. "장군님이시다! 장군님이 곧 연설을 하실 거야. 조용히 해!"

장군이 등장하자 사람들이 조용해졌다. 그리고 마침내 어니스트도 사람들의 어깨 너머로 장군을 봤다.

p.48~49 올드 블러드앤드선더는 짙은 녹색 군복을 입고 있었는데, 훈장이 여러 개 달려 있었다. 장군이 연설을 시작했다. 하지만 어니스트는 장군이 하는 말을 듣지 않았다.

대신 그는 늙은 장군의 얼굴을 바라보았다. 그는 멀리 있는 큰 바위 얼굴도 바라보았다.

어니스트는 큰 바위 얼굴과 장군의 얼굴을 번갈아 보았다. 두 얼굴에는 공통점이 없었다. 장군의 얼굴은 늙고 에너지가 넘쳐 보였다. 하지만 큰 바위 얼굴의 부드러운 지혜를 장군의 얼굴에서는 찾을 수 없었다.

"그는 전설 속의 인물이 아니야. 우리 모두는 계속 기다려야 해." 어니스트가 한숨을 쉬며 말했다.

p.50~51 그날 늦은 오후, 어니스트는 앉아서 큰 바위 얼굴을 바라보았다. 해가 구름 사이로 비치며, 큰 바위 얼굴에 그림자를 드리웠다. 큰 바위 얼굴이 그 어느 때보다 어니스트에게 환한 미소를 짓는 것 같았다. 이는 마치 언덕 사이에 강인한 천사가 앉아 있는 것 같았다.

"걱정하지 말거라, 어니스트. 그는 올 거야."라는 소리가 어니스트의 마음 속에서 들렸다.

마치 큰 바위 얼굴이 어니스트에게 속삭이는 것 같았다.

몇 년이 더 흘렀다. 어니스트는 이제 중년의 남자가 되었다. 그는 여전히 열심히 일했고 항상 친절했다. 그는 도움이 필요한 이웃들에게 도움을 주며 항상 다른 사람들에게 친절하게 말했다. 그는 어려움이 있는 사람들에게 진실된 조언을 했다. 그는 사람들 사이에 설교자로 알려지게 되었다. 그는 그 누구도 말해본 적이 없는 천상과 지상의 것들에 대해 이야기했다.

가끔 어니스트는 천사들과 이야기를 하는 것 같았다. 여전히 골짜기의 아무도 어니스트가 어떤 면에서든 특별하다고 생각하지 않았다. 심지어 어니스트 자신도 그렇게 생각하지 않았다.

4장 | 정치인

p.56~57 올드 블러드앤드선더가 세상을 떠날 때쯤, 그는 거의 잊혀졌다.

사람들은 "올드 블러드앤드선더와 큰 바위 얼굴은 전혀 닮은 점이 없었어. 그렇게 생각하다니 우리가 어리석었어."라고 말했다.

그리고 나서 큰 바위 얼굴과 똑같이 생겼다는 유명한 정치인에 대한 소식이 전해졌다. 그는 골짜기에서 태어났지만, 법학과 정치학을 공부하기 위해 마을을 떠났다. 그는 개더골드 씨의 부나 장군의 용맹함을 가지고 있지 않았다.

하지만 그의 목소리는 마법의 악기 같았다. 때로는 천둥 같이 으르렁거리는 소리를 내고 때로는 가장 달콤한 음악 같았다.

그의 목소리는 트럼펫 소리나 평화의 노래 같았고, 진심을 담고 있는 듯했다. 그는 화난 말을 친절한 말처럼 들리게 하고, 슬픈 말을 기쁜 말처럼 들리게 했다. 그는 자신에게 이득이 된다면 틀린 것을 옳은 것처럼, 옳은 것을 틀린 것처럼 만들 수 있었다.

p.58~59 그가 말하는 것을 들은 사람들은 그가 말하는 것이면 무엇이든 믿었다. 그는 전국적으로 유명해졌다. 많은 사람들은 그가 차기 대통령이 될 것이라고 생각했다. 그리고 그의 지지자들은 그가 큰 바위 얼굴과 똑같이 생겼다고 생각했다.

"그와 골짜기의 큰 바위 얼굴이 닮은 것을 보셨어요? 정말 똑같아요." 그의 지지자 중 한 명이 말했다.

"그가 어쩌면 전설 속의 인물일지도 몰라요." 몇몇 사람들이 말했다.

"맞아요, 저도 그렇게 생각해요." 다른 사람들이 말했다.

얼마 지나지 않아, 정치인은 올드 스토니 피즈로 알려졌다. 어느 날, 그는 골짜기를 방문하려고 나섰다. 그는 선거를 앞두고 지지를 얻기 위해 갔다. 하지만 골짜기의 사람들은 그를 맞이하기 위한 성대한 축하연을 준비했다. 기마 행렬이 정치인을 맞이하기 위해 주 경계선으로 향했다.

p.60~61 골짜기의 사람들이 모두 일찌감치 일을 마치고 길을 따라 늘어섰다. 그들 중 어니스트도 있었다. 그는 전에 실망한 적이 있었지만, 여전히 전설을 믿었다. 이제 그는 큰 바위 얼굴을 닮은 사람을 드디어 만날 수 있기를 바랬다. 기마 행렬이 엄청난 먼지를 일으키며 길을 따라 왔다. 먼지가 너무 높게 일어서 어니스트는 멀리 있는 큰 바위 얼굴을 볼 수가 없었다.

마을의 모든 대단한 사람들이 말을 타고 있었다. 군복을 입은 장교들, 보안관들, 기자들과 많은 농부들이 기마 행렬에 가담했다. 많은 현수막과 풍선이 있었고, 모든 사람들이 위대한 정치인에게 환호를 보냈다.

악단은 축제 분위기를 고조시키는 애국적인 음악을 연주했다. 음악은 산골짜기에 울려 퍼졌다. 그리고 큰 바위 얼굴이 전설 속의 남자가 고향으로 돌아오는 것을 환영하는 노래를 부르는 것처럼 느껴졌다.

p.62~63 모든 사람들이 흥분해서 소리를 질렀다. 어니스트는 몇몇 현수막에 올드 스토니 피즈의 그림이 있는 것을 보았다.

"만약 그림들이 사실이라면, 그는 큰 바위 얼굴과 닮았을 거야." 어니스트가 생각했다.

사람들은 공중으로 모자를 던지며 환호했다. 어니스트 역시 자신의 모자를 던지며 다른 사람들만큼이나 큰 소리로 환호했다.

"위대한 그 분을 위해서 만세! 올드 스토니 피즈 만세!" 그들이 외쳤다.

하지만 아무도 아직 올드 스토니 피즈의 얼굴을 보지 못했다.

"그가 왔다! 저기! 올드 스토니 피즈와 큰 바위 얼굴을 봐. 쌍둥이 형제 같아! 봐! 봐!" 사람들이 외쳤다.

p.64~65 네 마리의 흰 색 말이 끄는 뚜껑 없는 마차가 다가왔다. 그 안에는 올드 스토니 피즈가 앉아 있었다. 어니스트는 남자의 얼굴을 무척 주의 깊게 살펴봤다.

"인정해. 큰 바위 얼굴이 드디어 닮은 사람을 만난 거야!" 어니스트의 이웃 사람이 어니스트에게 말했다.

어니스트는 정치인과 산에 있는 큰 바위 얼굴 사이의 공통점을 보았다. 정치인의 이마는 넓고 깊었다. 코는 길고 쭉 뻗어 있었고 입은 컸다. 하지만 무엇인가가 빠져있었다. 정치인의 얼굴에는 따스함과 친절함이 없었다. 그는 피곤에 지친 눈을 하고 있었다. 아니면 그는 인생이 공허하고 진정한 목표가 없는 사람일지도 몰랐다.

어니스트의 이웃이 그의 옆에 서있었다.

"그는 큰 바위 얼굴과 똑같이 생기지 않았어요?" 이웃이 물었다.

"아니요. 그의 이목구비는 큰 바위 얼굴과 비슷해요. 하지만 많이 닮지는 않았어요." 어니스트가 말했다.

"음, 많이 닮은 것을 모르겠다니 유감이네요. 하지만 저 정치인은 대단한 사람이에요." 이웃은 이렇게 말하며 올드 스토니 피즈에게 환호를 보내기 시작했다.

p.66~67 기마 행렬, 현수막, 그리고 음악이 뒤따르는 군중들과 함께 지나갔다.

'이번에도 아니야. 이 사람도 전설 속의 남자가 아니야.' 어니스트가 생각했다.

그는 슬프게 돌아섰다. 그는 무척 실망했다. 올드 스토니 피즈는 그가 원했더라면 전설 속의 남자가 될 수 있었다. 하지만 그는 그렇게 하지 않는 것을 선택했다.

어니스트는 큰 바위 얼굴을 바라보면서 그가 사랑하는 상냥하고 친절한 얼굴을 바라보았다.

"나는 여기 있어, 어니스트! 나는 너보다 더 오래 기다려왔어. 그리고 나는 아직 기다리느라 지치지 않았어. 걱정하지 마. 그 사람은 나타날 거야." 큰 바위 얼굴의 입술이 이렇게 말하는 것 같았다.

몇 년이 더 흐르고, 어니스트의 머리는 백발이 되었다. 그는 노인이 되었다. 그의 이마는 여전히 높고 넓었지만, 시간이 흐르면서 주름이 생겼다. 그의 뺨과 이마에 있는 주름들은 그의 위대한 지혜를 말해줬다. 그는 머리에 있는 흰 머리보다 더 많은 지혜가 머리 속에 있었다. 그 보다 더 위대한 지혜를 가지고 있는 사람은 거의 없었다.

p.68~69　어니스트는 한 번도 골짜기를 떠난 적이 없었지만, 그는 골짜기를 넘어 이름이 세상에 알려지게 되었다. 대학 교수들, 현자들, 그리고 정치인들이 멀리서 그와 이야기를 나누기 위해 찾아왔다.

그들은 어니스트의 생각이 다른 사람의 생각과 매우 다르다는 말을 들었다. 어니스트의 생각들은 책에서 본 것과는 달랐다. 마치 천국에서 온 것처럼 장대하고 신성한 것이었다.

어니스트는 방문객들을 공손하게 맞이했고, 그들과 함께 다양한 이야기를 나눴다. 그들과 함께 이야기를 나누는 동안, 어니스트는 그들을 부드럽게 바라보았다. 그리고 방문객들은 어니스트의 얼굴이 이른 저녁 햇살 속에서 빛나는 것을 보았다.

'그의 얼굴에 빛이 비치면, 그는 인간 이상의 존재인 것처럼 보여.' 사람들은 이렇게 생각했다.

그리고 방문객들은 떠나는 길에, 멈춰 서서 큰 바위 얼굴을 바라보곤 했다. 그들은 최근에 큰 바위 얼굴과 닮은 사람을 본적이 있다고 생각했다. 하지만 어디에서 봤는지 기억하지 못했다.

5장 | 시인

p.72~73　어니스트가 자라고 나이를 먹어가는 동안, 한 시인이 유명해졌다. 그도 이 골짜기 출신이었다. 그는 인생의 대부분을 도시에서 보냈지만, 결코 이 골짜기와 큰 바위 얼굴을 잊어본 적이 없었다.

가끔씩 그는 그가 태어난 산골짜기에 대한 시를 쓰기도 했다. 그는 큰 바위 얼굴에 대한 길고 아름다운 시를 썼다.

시인의 단어들은 평범한 것들까지 특별한 것처럼 만들었다. 그가 산에 대해서 쓰면, 산은 그 어느 때보다 더욱 장엄하게 느껴졌다. 아름다운 호수에 대해 쓰면, 그의 단어들은 그 호수를 그 어느 때보다 더욱 아름답게 만들었다. 그는 또한 사람들과 그들의 희망과 꿈에 대해 썼다. 그리고 그의 단어들은 가장 빈곤한 삶도 존엄하고 가치 있는 것처럼 만들었다. 시인은 매우 유명해졌고 모두가 그의 시를 사랑했다.

p.74~75 어니스트도 시인의 명성을 듣고 시집 한 권을 샀다. 매일 저녁 일과가 끝난 후에, 어니스트는 자신의 오두막집 앞에 있는 의자에 앉았다. 하지만 큰 바위 얼굴을 보면서 골똘히 생각을 하는 대신, 어니스트는 시를 읽었다. 그리고 그는 시인의 황홀한 단어들에 대해 생각했다. 때때로 그는 멀리 있는 큰 바위 얼굴을 바라보았다.

"오, 내 친구여. 이 사람은 고귀한 사람이네. 나는 무척 그를 만나보고 싶어. 그의 말들은 일상의 것들을 천상의 것으로 만든다네. 그가 당신을 닮았을 가능성도 있을까?" 어니스트가 큰 바위 얼굴에게 말했다.

큰 바위 얼굴은 미소를 짓는 것처럼 보였지만, 아무 말도 하지 않았다.

p.76~77 시인은 골짜기에서 멀리 떨어진 곳에 살았다. 하지만 그는 어니스트의 명성을 듣고 있었고 그를 만나기를 원했다.

어느 여름 날 아침, 시인은 큰 바위 얼굴이 있는 골짜기로 가는 기차를 탔다. 그는 몇 시간이 걸려 마침내 개더골드 씨가 한때 살았던 호텔에 도착했다.

하지만 시인은 호텔을 지나쳤다. 그는 가방을 들고 걷기 시작했다. 그가 오두막집에 다가가자, 한 손에 책을 들고 있는 한 노인이 보였다. 어니스트가 책을 읽으며 큰 바위 얼굴을 사랑스럽게 올려다 보고 있었다.

"안녕하세요. 오늘 하룻밤 묵을 곳을 내 주실 수 있으신가요?" 시인이 말했다.

"물론이지요. 환영합니다. 저는 큰 바위 얼굴이 저렇게 다정하게 낯선 사람을 맞이하는 것을 본 적이 없어요." 어니스트가 따뜻한 미소를 지으며 말했다.

p.78~79 시인은 어니스트의 옆에 앉았고 두 사람은 이야기를 하기 시작했다. 몇 시간이 불과 몇 초처럼 빠르게 지나갔다.

시인은 전에도 많은 현자들과 이야기를 나눈 적이 있었지만, 어니스트만큼 정직하게 이야기를 하는 사람과 이야기를 나눈 적은 없었다.

그리고 어느 누구도 어니스트보다 시인의 진지한 느낌과 생각을 잘 설명하는 사람도 없었다. 이는 마치 천사들이 어니스트와 함께 살며 그의 난로가 옆에서 그와 이야기를 나눈 것 같았다.

그리고 어니스트는 이런 신성한 생각들을 부드럽지만 평범한 말들로 설명했다. 시인은 어니스트의 지혜에 깊은 감명을 받았다. 그리고 어니스트는 시인에게 감명을 받았다. 그는 결코 시인만큼 자신을 잘 이해하는 사람을 만난 적이 없었다. 마치 그들의 생각이 완벽한 조화를 이루는 것 같았다.

p.80~81　어니스트는 시인의 말을 들으면서, 큰 바위 얼굴을 올려다 보았다. 마치 큰 바위 얼굴이 어니스트와 시인이 하는 이야기를 모두 듣고 있는 것처럼 보였다. 어니스트는 시인 쪽으로 몸을 돌려 그윽하게 그의 눈을 바라보았다.

"당신은 누구신가요?" 어니스트가 물었다.

시인은 책을 보며 표지에 있는 그의 이름을 가리켰다.

"제 이름을 아시잖아요. 당신이 제 시를 읽고 계시는군요." 시인이 말했다.

어니스트는 시인의 얼굴을 보고 몸을 돌려 큰 바위 얼굴을 보았다.

그리고 그는 머리를 저으며 실망해서 한숨을 쉬었다.

p.82~83　"왜 그렇게 슬퍼 보이시나요?" 시인이 물었다.

"저는 평생 동안 전설 속의 고귀한 사람이 나타나기를 기다렸습니다. 그리고 당신의 시를 읽으면서, 그 사람이 당신이기를 바랐지요." 어니스트가 말했다.

"제가 큰 바위 얼굴과 닮았기를 기대하셨군요. 그리고 당신은 개더골드 씨, 올드 블러드앤드선더와 올드 스토니 피즈에게 실망하셨듯이 저에게 실망하셨군요. 제가 당신을 다시 한 번 실망시켜 드려서 죄송합니다. 하지만 저를 큰 바위 얼굴과 비교하지 말아 주세요. 저는 그럴 만한 가치가 없습니다." 시인이 미소를 지으며 말했다.

"당신이 왜 그럴 만한 가치가 없다고 생각하세요? 당신의 시어들은 아름다움과 진실로 가득 차 있어요. 순수하고 신성해요." 어니스트가 말했다.

"아마 제 글에는 어느 정도의 아름다움과 진실이 담겨 있어요. 하지만 제 글은 제 삶과는 같지 않아요. 제 생각들이 제 삶을 반영하지는 않는답니다. 때때로 저는 신념이 부족해요. 제 글은 제가 가졌으면 하는 신념을 표현한 것이랍니다."

어니스트는 시인의 말을 주의 깊게 들었다. 시인은 눈에 눈물이 고인 채 슬프게 말을 이었다. 어니스트의 눈에도 눈물이 가득 고였다.

　매일 해가 저물 때, 어니스트는 공터에서 이웃들을 만나 이야기를 나눴다. 오늘 저녁 어니스트는 시인과 함께 약속 장소로 걸어갔다.

p.84~85　그곳은 울창한 숲으로 둘러싸인 작은 공터였다. 그들이 공터를 가로질러 가자 장엄한 광경이 펼쳐졌다.

　그들은 큰 바위 얼굴을 뒤로 한 평화로운 호수를 바라보았다. 그들 앞에는 몇몇 사람들이 모여 있었다. 어니스트는 따뜻하고 친절하게 청중들을 바라보았다.

　사람들은 잔디에 서거나 앉거나 편안하게 누워 있었고, 그들 뒤로 해가 지고 있었다. 그들은 어니스트가 이야기를 시작하기를 기다렸다. 멀리에는 언제나 변함없는 평화로운 얼굴의 큰 바위 얼굴이 있었다.

p.86~87　어니스트는 자신의 마음속 생각을 사람들에게 이야기했다. 그의 말은 자신의 삶을 반영했기 때문에 힘을 가졌다. 그리고 그의 생각들은 그의 삶 속의 선한 행동들과 사랑이 있었기 때문에 지혜로웠다. 시인은 어니스트의 친절하고 다정한 얼굴을 바라보며 눈에 눈물이 가득 고였다.

　'그의 말은 내가 썼던 그 어떤 시 보다 더 아름답고 힘이 있구나. 그는 성서 속 백발의 선지자 같아. 그는 나이가 들었고 현명하고 친절해. 그의 말은 진주만큼 가치가 있어. 이 골짜기의 사람들은 말은 하지 않지만 어니스트를 사랑하고 있어. 사람들은 그를 너무 잘 알기 때문에 그를 당연하게 생각해. 하지만 어니스트가 그들 가운데 살고 있기 때문에 그들은 더 나은 삶을 살고 있어. 그는 모든 면에서 고귀한 사람이야.' 시인은 이렇게 생각했다.

p.88~89　멀리서 시인은 큰 바위 얼굴에 지는 석양의 마지막 빛이 비치는 것을 보았다. 큰 바위 얼굴을 둘러싸고 있는 흰 구름은 어니스트의 머리에 있는 흰 머리를 닮아 있었다. 그것은 장엄하고 웅장한 광경이었다.

　그 순간 시인은 이전에는 아무도 보지 못했던 것을 보았다. 그는 어니스트의 얼굴을 한 번 더 본 뒤 산 위의 큰 바위 얼굴을 보았다.

그의 몸이 떨리기 시작했고 그는 공중으로 양팔을 번쩍 들어올렸다.

"보세요! 여러분! 큰 바위 얼굴을 보세요! 어니스트를 보세요! 어니스트와 큰 바위 얼굴은 똑같이 생겼어요!" 시인이 소리쳤다.

그러자 모든 사람들이 어니스트와 큰 바위 얼굴을 번갈아 보았다. 그들은 시인이 말한 것이 사실이라는 것을 알았다. 전설 속의 고귀한 인물은 항상 그들과 살고 있었던 것이다.

p.90~91 "시인의 말이 맞아. 이제껏 기다려 왔던 사람은 바로 어니스트였어. 어니스트라고. 전설이 오래 전에 실현되었지만, 우리는 몰랐던 거야. 위대한 인물이 이미 여기 골짜기에서 우리와 함께 살고 있었어." 사람들이 조용히 속삭였다.

어니스트는 잠시 동안 침묵을 지켰다. 그리고 나서 그는 이야기를 계속했고 사람들은 언제나처럼 그의 말을 들었다.

그리고 언제나처럼 그가 하는 말들은 그들에게 축복 받은 기분을 들게 하고 그들의 삶에 만족한 기분이 들도록 해주었다.

마침내 어니스트가 이야기를 끝내고 공터로 내려왔다. 그리고 나서 그는 시인의 팔짱을 끼고 천천히 집으로 걸어갔다. 그리고 그는 언젠가 자신보다 더욱 지혜로운 사람이 골짜기에 나타나기를 기도했다. 큰 바위 얼굴과 똑같이 생긴 사람이!